METODOLOGÍA
DE LA
INVESTIGACIÓN
PARA ADMINISTRACIÓN Y ECONOMÍA

METODOLOGÍA DE LA INVESTIGACIÓN
PARA ADMINISTRACIÓN Y ECONOMÍA

CÉSAR AUGUSTO BERNAL TORRES

Director de investigaciones
de la Facultad de Ciencias Económicas y Administrativas
de la Universidad de la Sabana.

Revisión técnica:

DUVÁN SALAVARRIETA
Profesor de la Universidad de Antioquia.

TOMÁS SÁNCHEZ AMAYA
Profesor de la Universidad Jorge Tadeo Lozano.

ROSALBA SALAZAR
Profesora de la Universidad Jorge Tadeo Lozano.

PRENTICE
HALL

PEARSON

Addison Wesley
Longman

Colombia - México - Argentina - Bolivia - Brasil - Costa Rica - Chile - Ecuador
El Salvador - España - Guatemala - Honduras - Nicaragua - Panamá - Paraguay - Perú
Puerto Rico - República Dominicana - Uruguay - Venezuela

Amsterdam - Harlow - Miami - Munich - Nueva Delhi - Menlo Park - Nueva Jersey
Nueva York - Ontario - París - Singapur - Tokio - Toronto - Zurich

Ficha catalográfica

BERNAL T. CÉSAR AUGUSTO.
Metodología de la investigación
para administración y economía.
Santa Fe de Bogotá, D. C.:
Pearson Educación de Colombia, Ltda., © 2000.
278 p.; 17 cm × 24 cm
ISBN: 958-699-002-8
1. Metodología de la investigación --
I.t.

Editor División Universitaria	Miguel Morales Estrada
Jefe de Producción	Luis Ramírez
Diseño y diagramación	Finagraph
Diseño de la aplicación del software	Ramiro Cubides
Revisor técnico aplicación del software	Juan José Obagi Araujo

CÉSAR AUGUSTO BERNAL T.
METODOLOGÍA DE LA INVESTIGACIÓN
PARA ADMINISTRACIÓN Y ECONOMÍA

PEARSON EDUCACIÓN DE COLOMBIA, LTDA.
Carrera 68 A # 22-55
Santa Fe de Bogotá, D. C., Colombia

ISBN 958-699-002-8

Se imprimieron 6000 ejemplares en el mes de noviembre de 2000
Impreso por Prensa Moderna Impresores S.A.
Printed in Colombia

Este trabajo está dedicado a:

la abuelita María Benilda,
mi esposa Martha Liliana,
mis hijas Natalia y Aura Sofía.

AGRADECIMIENTOS

Sea esta la oportunidad para agradecer:

a Dios, fuente suprema de toda sabiduría;

al doctor Bogdan Piotrowski;

*a Jacqueline Umbarila por su paciencia
en la digitación y trascripción
de los contenidos de este estudio;*

*a todas las personas que colaboraron
en la elaboración y culminación
del presente documento.*

TABLA DE CONTENIDO

INTRODUCCIÓN

La investigación, en la actualidad, es un tema ineludible debido a que define el perfil de las instituciones académicas de reconocida calidad en el mundo, constituye el recurso y estrategia competitiva de las organizaciones de toda índole y determina el grado de prosperidad de las naciones y de las personas. La inteligencia y la capacidad creativa de cada país fundamentada en valores es el principal recurso para su crecimiento económico, progreso social y desarrollo humano.

Las trasformaciones del escenario mundial en las esferas económica, política, cultural y tecnológica sugieren que el conocimiento es la clave para tomar parte activa en el futuro de la humanidad, y los países que cuenten con científicos, universidades, centros de investigación y tecnología y que estén dispuestos a cualificar su capital humano garantizarán el bienestar de sus habitantes, mientras que aquellos que no lo hagan serán cada vez más pobres y dependientes.

En virtud de lo anterior, desarrollar actitudes y destrezas para la investigación científica es cada vez más una necesidad ineludible que debe ser objeto de reflexión y acción para los gobernantes, para los directivos de las organizaciones económico- sociales y para cada persona en particular, pero, principalmente, para las instituciones académicas, en especial las universidades, cuya misión es formar personas capaces de contribuir al progreso y bienestar de la humanidad.

Ahora, conscientes de la importancia de formar profesionales con actitudes y destrezas para la investigación científica, el presente libro titulado *Metodología de la investigación para administración y economía* pretende ser un texto didáctico sobre epistemología y metodología de investigación.

Al final de cada tema se proponen ejercicios diseñados que induzcan al estudiante a realizar un proceso integral en el que a la vez que aprende metodología, realiza el acto investigativo y se promueve la discusión académica en el aula de clase, debido a que se obtiene información del medio, la cual es objeto de estudio en el aula.

También introduce dos aspectos algo olvidados en el campo de la investigación como la fundamentación epistemológica de la ciencia y el diseño de instrumentos de medición y recolección de información, que son muy importantes para la realización de una investigación con buena calidad y rigor.

Este libro está destinado a los alumnos de pregrado en el campo de las ciencias económicas y administrativas que deben efectuar una investigación para su trabajo de grado.

El libro consta de cuatro partes:

La primera trata sobre la investigación en las ciencias económicas y administrativas, que es el campo específico al cual está dirigido este libro. El propósito es mostrar la importancia de hacer investigación en dichas ciencias, dado el papel que éstas cumplen en la sociedad moderna y en particular en la vida de las personas.

La segunda parte presenta algunos fundamentos epistemológicos de la investigación científica, redactados en un lenguaje sencillo y que tienen como propósito dotar al lector de algunos criterios básicos para la reflexión crítica sobre la ciencia y su método.

La tercera parte es eminentemente práctica y busca mostrarle al estudiante el desarrollo del proceso investigativo, ejemplificando cada uno de los pasos que conforman el proceso. El objetivo es inducir al estudiante a formular o elaborar un anteproyecto de investigación que servirá de base para el desarrollo de su trabajo de grado.

La cuarta parte trata sobre el diseño de instrumentos de medición y de recolección de información. Dicho tema, a pesar de ser un aspecto del proceso de investigación, ha sido considerado aquí como un capítulo porque la experiencia muestra que en el área de las ciencias económico–administrativas los estudiantes tienen muy poca información básica para elaborar o validar un instrumento de medición.

Finalmente, quiero reiterar que consciente de que la investigación debe ser un acto de todos, pero a la vez una actitud compleja, la investigación necesita la participación de equipos de personas. Por esto, para el desarrollo de algunos temas como los relacionados con muestreo, procesamiento de la información y diseño de instrumentos de medición, se plantea la necesidad de consultar expertos en el tema y/o la revisión y consulta de libros, revistas y programas estadísticos especializados.

El libro contiene como complemento un disquete con un programa interactivo para el uso de herramientas estadísticas (muestreo, estadística, descriptiva e inferencia) aplicadas al proceso de investigación científica que le muestran al usuario ejemplos de estimación de tamaños de muestra, prueba de hipótesis, análisis de regresión y correlación, así como la simulación del procesamiento de datos de un proyecto específico de investigación propuesto por cualquier usuario del programa.

LA INVESTIGACIÓN EN LAS CIENCIAS ECONÓMICAS Y ADMINISTRATIVAS

Capítulo 1

CIENCIA EN EL CONTEXTO ECONÓMICO Y ADMINISTRATIVO

Las organizaciones son muy importantes para la existencia de las personas; por ello necesitan responsabilidad social.

Quiero aprender a investigar en las ciencias económicas y administrativas...

Esta primera parte del libro tiene como propósito hacer una breve reflexión sobre la importancia de la investigación científica en las ciencias económicas y administrativas, pues la mayor parte de instancias de la vida de las personas está en función de ellas, y además porque la humanidad enfrenta un cambio de época, según se verá más adelante, caracterizado por rápidos, complejos y paradójicos cambios a todo nivel (económico, social, político y cultural), que necesariamente afectan la existencia de todos los seres humanos.

Se vive una era en la que el principal potencial de desarrollo de los países y de las organizaciones depende de las personas. Entonces es necesario formar seres humanos integrales, capaces no sólo de optimizar los recursos económicos de sus organizaciones, sino, además, de promover el desarrollo humano de sus colaboradores y el de la sociedad en general, y esto sólo se logra con personas que tengan un alto nivel de compromiso con ellas mismas, con su familia, con su empresa y con su país, y particularmente comprometidas con la investigación como fuente de progreso y desarrollo humano integral.

1.1. EL PARADIGMA DE LA NUEVA TEORÍA ECONÓMICA Y ADMINISTRATIVA

Con la caída del muro de Berlín, a finales del decenio del ochenta, y la desintegración de la Unión Soviética, entre otros hechos ocurridos en las últimas décadas del siglo XX, no cabe duda de que el mundo está *cambiando radicalmente* en todos los órdenes.

En el campo de la economía, desde 1957, investigadores como Alvin Toffler, Paul Kennedy, Lester Thurow y Peter Drucker concordaban en que los modelos económicos convencionales se habían vuelto obsoletos y se requerían *nuevos modelos* que respondieran a las necesidades de un mundo caracterizado por la globalización y la competitividad. Estos postulados fueron confirmados con la publicación, en 1986, del libro *La competitividad de las naciones* por el profesor Michael Porter. Este libro sirvió de marco general para explicar la razón del éxito que tienen los países que van a la vanguardia en el desarrollo económico y el impacto que esto tiene en el campo político y social de las naciones.

Como consecuencia de esta nueva visión de la realidad económica, hoy existe una conciencia creciente de la interdependencia de las naciones, aspecto que se ha reflejado en el derrumbamiento de las barreras físicas, económicas, culturales y políticas de algunos países.

Hoy, naciones del sudeste de Asia, del occidente de Europa, de Norteamérica, de Suramérica, de África o del Oriente Medio se han convertido en partes integrales de un mercado mundial, que se ha visto apoyado por el uso de redes globales de telecomunicaciones, otro de los grandes adelantos de los últimos años.

Con el fenómeno de la globalización y la competitividad, se ha dado una disminución de la capacidad de los gobiernos nacionales para proteger las industrias ineficientes. Así mismo, las relaciones económicas serán cada vez más intensas entre bloques negociadores que entre países, y en el caso de las empresas, éstas se integrarán en el mercado mundial mediante alianzas estratégicas con otras empresas nacionales o multinacionales.

1.2. LA IMPORTANCIA DE LA INVESTIGACIÓN EN LAS CIENCIAS ECONÓMICAS Y ADMINISTRATIVAS

La sociedad actual está conformada por organizaciones. Las diferentes actividades relacionadas con la producción de bienes o la prestación de servicios son planeadas, coordinadas, dirigidas y controladas dentro de las organizaciones. En muchos casos casos la vida de las personas depende de las organizaciones y éstas del trabajo del factor humano. Las personas generalmente nacen, crecen, estudian, aprenden, viven, trabajan, se divierten, se enferman, se curan y mueren dentro de las organizaciones.

No hay duda de que en el mundo actual la existencia de las personas tiende a depender de la existencia de las organizaciones. Por esta razón, hoy, la administración se perfila como una de las áreas del conocimiento humano altamente compleja y llena de desafíos, pues es una de las claves para la solución de muchos problemas que afligen al mundo actual.

Peter Drucker afirma "que no existen países desarrollados, ni países subdesarrollados sino simplemente países que saben administrar los recursos y tecnologías disponibles y potenciales, y países que todavía no saben administrarlos"[1]. En otros términos, existen países bien administrados y países subadministrados, y, por ello, son estos últimos los que padecen los más graves problemas económicos, políticos, sociales y culturales, los cuales necesariamente se ven reflejados en bajos índices de calidad de vida de sus habitantes.

De otra parte, Starr, citado por Donnelli y colaboradores, asegura que "el éxito de cualquier país en el escenario internacional en un ambiente global de competitividad depende de la capacidad de la dirección para adaptarse a los cambios ambientales y dirigir eficazmente la fuerza laboral"[2], mientras que Porter asegura que "es la capacidad de las organizaciones para competir en el ambiente internacional y no los modelos económicos los que generan competitividad de las naciones"[3].

1.3. EL NUEVO AMBIENTE DE LAS ORGANIZACIONES

Para Tapscott[4], los nuevos libros sobre economía, administración y negocios, escritos al final de esta década, resumen el historial de las *condiciones cambiantes* de los negocios ligados a las trasformaciones económicas, políticas, sociales y globales.

Por ello, Kenichi Ohmae, Peter Drucker, Patricia Aburdene y John Naisbitt, Jack Nadel y Michael E. Porter son ampliamente reconocidos por sus escritos sobre la situación económica y social actual, la naturaleza de los negocios y la necesidad de conocer el nuevo orden mundial e investigar las consecuencias para las organizaciones y para el ser humano.

[1] DRUCKER, Peter, "El nuevo cambio de la productividad", *Harvard Business Review*, noviembre, diciembre de 1995, en: *Oficina eficiente*, Edimedios, enero-febrero de 1996.
[2] STARR, Martín, "La competencia global", W.N., Norton, Nueva York, 1989. En: DONNELLI y colaboradores, *Dirección y administración de empresas*, Addison Wesley, Reading, Mass, 1994.
[3] PORTER, Michael, *La ventaja competitiva de las naciones*, CECSA, México, 1998.
[4] TAPSCOTT, Don y CASTON, Art., *Paradigmas empresariales*, McGraw-Hill, Bogotá, 1995, p.5.

Según estos autores, los negocios enfrentan una paradoja: tienen oportunidades inusitadas para aprovechar los nuevos mercados, mientras los mercados tradicionales cambian de manera sustancial al reducirse o al hacerse intensamente competitivos.

Para Tapscott, una realidad apremiante del nuevo ambiente global es la emergencia de una era de la competencia, en la cual están en ascenso no sólo los adversarios tradicionales de los mercados tradicionales, o aquellos que ingresan en un sector económico o industrial específico, sino también debido a la desintegración de las barreras de los mercados antes aislados y protegidos. La competencia puede surgir de manera inesperada en cualquier lugar. Esto hace que las empresas ya no puedan confiar en los participantes del mercado ni en sus posiciones competitivas.

La apertura de los mercados mundiales afecta a muchas organizaciones, lo que genera una reestructuración masiva en cada sector de los negocios. Con el mercado en constante cambio, ya no existe la posibilidad de que las empresas establezcan una permanente ventaja competitiva. Ninguna empresa puede estancarse y vivir del éxito del pasado, cada día debe emprender una investigación acerca de su nuevo ambiente para competir sobre bases sólidas.

Según Toffler[5], en el mundo está produciéndose un cambio de época que requiere una nueva forma de percibir este mundo que, particularmente en los negocios, contrasta con el paradigma anterior, que visualizaba las organizaciones en forma mecánica, caracterizadas por estructuras rígidas, personas consideradas como parte de una máquina que podían ser reemplazadas sin dificultad, órdenes sin posibilidad de cuestionarse y gerentes que no reconocían los valores, ni los sentimientos, como factores relevantes en la relación con su gente. Sin embargo, para Manrique, a pesar de la evidencia de los cambios que están produciéndose, existen organizaciones que se resisten a iniciar el cambio[6].

---

[5] TOFFLER, Alvin, *Cambio de poder*, Plaza y Janés, Bogotá, 1992.
[6] MANRIQUE, Francisco, *Un cambio de época. No una época de cambios*, McGraw-Hill, Bogotá, 1996.

1.4. LA ERA DEL CONOCIMIENTO EN EL NUEVO ORDEN ECONÓMICO Y ADMINISTRATIVO

Toffler, en su libro *El cambio de poder*, sostiene que en las relaciones del ser humano de finales del siglo XX está dándose un cambio profundo en cuanto a la estructura de poder, pues el *conocimiento* adquiriría mayor relevancia. Drucker expone esta misma opinión en su libro *La sociedad poscapitalista*, en el que predice que la sociedad del futuro será una sociedad del conocimiento y que a pesar de que las habilidades cambian muy poco con el tiempo, el conocimiento se trasformará tan rápidamente que será necesario actualizarlo cada cuatro o cinco años, so pena de caer en la obsolescencia.

Es indudable que en una época de rápidos, complejos y paradójicos cambios el conocimiento se convierte en el recurso competitivo de las organizaciones. Por tanto no cabe duda que la mejor estrategia para enfrentar los retos del nuevo orden económico y administrativo es disponer de personal calificado, pero, sobre todo dispuesto a una permanente capacitación y aprendizaje. Aprendizaje que debe darse conjuntamente en lo personal como en lo organizacional. Así Senge[7] en su libro "LA QUINTA DISCIPLINA" afirma que el aprendizaje organizacional debe ser una constante para todas las organizaciones y personas que quieran permanecer en el actual mundo de los negocios.

Esta circunstancia, afirma Manrique, explica la tendencia, cada vez mayor, de establecer una relación estrecha entre la universidad y las empresas para estar preparados de cara al futuro, ya que, en la era del conocimiento, la mente y el capital intelectual serán las ventajas competitivas que permitan generar soluciones creativas a los problemas de nivel gerencial y de liderazgo social.

Por lo anterior, en la *era del conocimiento*, el potencial humano se convierte en el recurso más valioso con que cuentan las organizaciones y, por tanto, necesita estar altamente calificado y aten-

---

[7] SENGE, Peter, *La quinta disciplina*, Granica, Barcelona, 1995.

to a descubrir y poner en ejecución nuevas y mejores formas de administrar las organizaciones para garantizar no sólo su supervivencia, sino para promover el desarrollo integral de las personas y de la sociedad.

En síntesis, las condiciones cambiantes y competitivas en las que se desenvuelven las organizaciones en el mundo moderno necesitan personas que posean una actitud investigativa que les permita conocer el ambiente de su organización, generar nuevas formas de competir, buscar nuevos y mejores productos y servicios para satisfacer las necesidades de sus clientes cada vez más exigentes, y realizar acciones tendientes a orientar a su organización al desarrollo de su función social: contribuir al desarrollo integral de las personas y de la sociedad.

1.5. LA RESPONSABILIDAD SOCIAL DE LAS ORGANIZACIONES Y LOS MODELOS ECONÓMICOS

Los nuevos directivos e investigadores organizacionales deben ser conscientes de que los modelos de desarrollo utilizados en el mundo contemporáneo están entrando en *crisis*. Para Ray y Rinzler, estos modelos son la razón de ser de los problemas que tiene la humanidad, el más grave quizás, el ecológico, pues debido al avance tecnológico, muchas veces mal utilizado, hoy no es seguro beber agua, consumir los alimentos que se cultivan, respirar el aire, ni siquiera caminar bajo el sol.

Para Manrique el crecimiento fundamentado en la destrucción de los recursos naturales, sin tener en cuenta la interacción del ecosistema que mantiene la vida, ha llevado al ser humano a situaciones absurdas de contaminación y de colapso en muchos aspectos de la vida contemporánea. El mundo necesita un *nuevo paradigma de desarrollo* y, en este proceso, las organizaciones, y en particular la empresa privada, deben jugar un papel decisivo en términos de responsabilidad social.

Para que este cambio se dé, se necesita que empresarios y directivos asuman una actitud diferente de desarrollo empresarial. Es oportuno recordar que el objetivo debe ser las organizaciones para el servicio del ser humano, y no éste al servicio de aquéllas, lo cual debe reflejarse en la calidad de los productos o servicios para sus clientes, en la calidad de vida de los empleados y en la responsabilidad de protección al medio ambiente, sin que ello no implique un justo y merecido beneficio económico para los empresarios.

Se necesitan empresas que adopten técnicas avanzadas de administración que conduzcan no sólo a su óptimo desarrollo, sino también, y fundamentalmente, a la realización humana integral de las personas que la componen y de la sociedad de la cual forman parte[8]. Las organizaciones éticas, fundamentadas en valores, serán las que lograrán sobrevivir. Hoy más que nunca, la ética se convierte en la estrategia competitiva de la empresa y esto deben tenerlo muy claro empresarios, directivos y demás personas relacionadas con la actividad de las empresas.

---

[8] GARCÍA, Salvador y DOLAN, Shiman, *La dirección por valores*, McGraw-Hill, Madrid, 1997, p. 13.

PREGUNTAS DE REPASO Y ANÁLISIS

1. Haga una reflexión sobre el paradigma de la nueva teoría económica y su impacto en el contexto de su país.

2. Reflexione acerca de la importancia de la investigación en las organizaciones.

3. Comente la importancia de estudiar las organizaciones en un contexto real.

4. Revise las principales investigaciones sobre estudio de las organizaciones en este país y comente los objetivos propuestos en dichos estudios y las conclusiones a las que llegó.

5. En grupo, comenten en qué consiste el nuevo ambiente económico y administrativo y qué implicaciones tiene en un contexto académico de investigación.

6. En grupo, comente cómo afecta la era del conocimiento el nuevo orden económico y administrativo y qué relación tiene con la investigación científica.

7. Reflexione por qué hoy es necesario hacer énfasis en la responsabilidad social de los modelos económicos y de las organizaciones y sugiera temas al respecto, que pudieran ser objeto de investigación.

8. Haga una lista de los interrogantes que le haya suscitado la lectura de este capítulo y explique por qué pueden ser tema de investigación.

FUNDAMENTOS EPISTEMOLÓGICOS DE LA INVESTIGACIÓN CIENTÍFICA Y DE LAS CIENCIAS SOCIALES

PARTE II

Capítulo 2

EPISTEMOLOGÍA O FILOSOFÍA DE LAS CIENCIAS

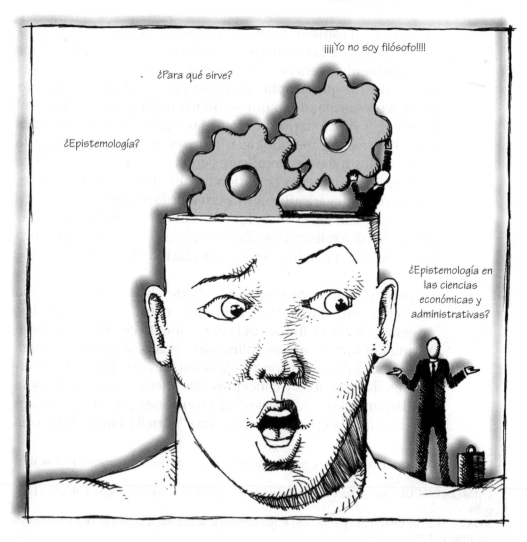

En este capítulo se pretende presentar algunas ideas generales sobre la importancia de la epistemología en el proceso de la investigación científica, con el propósito de dotar al estudiante de los conocimientos básicos sobre la fundamentación epistemológica de la ciencia.

2.1. CONCEPTO DE EPISTEMOLOGÍA

Para Piaget[1], la lógica, la metodología y la teoría del conocimiento, o epistemología, constituyen tres ramas importantes en el campo del saber científico.

La lógica es el estudio de las condiciones formales de la verdad en el campo de las ciencias; la *metodología* es la teoría de los procedimientos generales de investigación que describen las características que adopta el proceso general del conocimiento científico y las etapas en que se divide dicho proceso, desde el punto de vista de su producción y las condiciones en las cuales debe hacerse. La metodología hace referencia, entonces, a la teoría de los métodos empleados en la investigación científica y las técnicas conexas con dichos métodos. En este sentido, Ladrón de Guevara afirma: "Es tarea de la metodología sintetizar y organizar los avances logrados por la investigación en las diferentes disciplinas científicas, enriqueciendo con la práctica la metodología general de la investigación científica"[2].

De acuerdo con Byron, Browne y Porter, la *epistemología* "es la teoría filosófica que trata de explicar la naturaleza, variedades, orígenes, objetos y límites del conocimiento científico[3],o, como afirma Lenk, "es una disciplina filosófica básica que investiga los métodos de formación y aplicación, de corroboración y evaluación de las teorías y conceptos científicos y, a su vez, intenta fundamentarlos y evaluarlos"[4]. Definiciones que comparte Cerda al definir la epistemología como "aquella filosofía o teoría

[1] PIAGET, Jean, *Lógica y conocimiento científico. Naturaleza y método de la epistemología*, Proteo, Buenos Aires, 1970, p. 15.
[2] LADRÓN DE GUEVARA, Laureano, *Metodología de la investigación científica*, USTA, Bogotá, 1977, p. 86.
[3] BYRON, W. F., BROWNE, E. y PORTER, Roy, *Diccionario de historia de la ciencia*, Herder, Barcelona, 1986, p. 192.
[4] LENK, Hans, *Entre la epistemología y la ciencia social*, Alfa, Barcelona, 1988, p. 11.

de la ciencia que estudia críticamente los principios, hipótesis y resultados de las diversas ciencias con el propósito de determinar su origen y estructura, su valor y alcance objetivo"[5].

Por otra parte, es usual utilizar los términos epistemología, gnoseología, teoría del conocimiento y filosofía de la ciencia como sinónimos. Sin embargo, de acuerdo con Reyes, el término más cercano a epistemología es el de filosofía de la ciencia debido a que la palabra griega *episteme* se refiere, no a cualquier forma de conocimiento, sino aproximadamente a lo que hoy se entiende por ciencia[6]. De otra parte, para Ferrater Mora si bien existe diferencia entre los conceptos antes citados, durante los últimos años, por influencia de la literatura filosófica anglosajona, el término epistemología se usa de manera amplia para referirse a la teoría del conocimiento[7].

En virtud de lo anterior, en el presente libro la palabra epistemología se usará siguiendo los criterios de Reyes, es decir, la epistemología como sinónimo de filosofía de la ciencia y que de acuerdo con Bunge "es la reflexión crítica sobre la investigación científica y su producto, el conocimiento; en otras palabras, es la ciencia de la ciencia"[8].

2.2 CLASES O CATEGORÍAS DE EPISTEMOLOGÍA

Según Piaget[9], la epistemología o teoría del conocimiento se puede clasificar en tres categorías: (1) las que parten de una reflexión sobre las ciencias y tienden a prolongarla en una teoría general del conocimiento; (2) las que apoyándose en una crítica de las ciencias procuran alcanzar un modo de conocimiento distinto al conocimiento científico (en oposición con éste, y no ya como prolongación de él); (3) las que permanecen en el interior de una reflexión sobre las ciencias.

[5]   CERDA, Hugo, *Los elementos de la investigación*, El Búho, Bogotá, 1998, p. 42.
[6]   REYES, Román, *Terminología científico-social, aproximación crítica*, Antropos, Barcelona, 1988, p. 347.
[7]   FERRATER MORA, J., *Diccionario de filosofía*, Ariel, Barcelona, 1994, p. 1041.
[8]   BUNGE, Mario, *Epistemología, ciencia de la ciencia*, Ariel, Barcelona, 1980, p. 15.
[9]   PIAGET, Jean, *op. cit.*, p. 22.

Siguiendo con Piaget, a las teorías del conocimiento del tipo 1 se les conoce como epistemologías metacientíficas, a las del tipo 2, paracientíficas y las del tipo 3, epistemologías científicas.

Las epistemologías metacientíficas han consistido, en todos los casos, en una reflexión sobre las ciencias ya en parte construidas e inventadas por los mismos autores de las subsiguientes reflexiones. Por otra parte, afirma Piaget, todos ellos han superado en mayor o menor medida las ciencias, aunque salieron de éstas. Para este tipo de epistemologías, existe supremacía del conocimiento científico sobre cualquier otro tipo de conocimiento y por ello sólo aceptan el conocimiento científico como el único conocimiento válido.

Las epistemologías paracientíficas no consisten ya en reflexionar acerca de las condiciones del pensamiento científico para alcanzar una teoría más general del conocimiento, sino se esfuerzan en partir de una crítica ante todo restrictiva de la ciencia para fundamentar, al margen de sus fronteras, un conocimiento de diferente forma.

Para los representantes de esta corriente epistemológica, afirma Piaget, la ciencia resulta cada vez menos objetiva y más simbólica a medida que va de lo físico a lo psíquico, pasando por lo vital.

Las epistemologías científicas no se denominan así, porque éstas sean más ciertas que las anteriores, sino porque su fundamento es la explicación del conocimiento científico y no pretenden el conocimiento general. Esta categoría de epistemología surge del interés de las ciencias como consecuencia de crisis propias de las ciencias en evolución, que puede llevar a una constante revisión de sus principios e instrumentos de conocimiento.

2.3 EPISTEMOLOGÍAS REGIONALES

Para Blanché, en la época actual la epistemología se aleja cada vez más de los filósofos para pasar a manos de los sabios, ya que una de las características de la epistemología moderna es la progresiva aceptación de sus problemas por los sabios especializados[10]. Para este autor, las recientes crisis que han sufrido las diversas ciencias y las revoluciones por las que éstas han pasado están obligando a quienes las practican a reflexionar sobre los fundamentos y demás aspectos relacionados con sus propias ciencias, dando lugar a las llamadas epistemologías *internas y regionales*. Es decir, epistemologías construidas de acuerdo con las características y necesidades de cada ciencia o campo especializado del conocimiento.

En esta dirección, Bunge considera que, enfocando filosóficamente una clasificación cualquiera de las ciencias, se obtienen tantas ramas o epistemologías particulares como ciencias figuren en dicha clasificación[11].

Teniendo en cuenta los argumentos antes expuestos por los autores citados, hoy es necesario hablar de epistemologías de cada ciencia en particular; por ejemplo:

- Epistemología de la lógica.

- Epistemología de la física.

- Epistemología de la psicología.

- Epistemología de la sociología.

- Epistemología de la economía.

- Epistemología de la administración, etcétera.

2.4. PROBLEMAS QUE LE COMPETEN A LA EPISTEMOLOGÍA

Si bien en sus inicios la terea de la epistemología fue la de establecer normas de cientificidad de validez general a las que deberían atenerse los científicos si querían edificar sus teorías sobre

---

[10] BLANCHÉ, Robert, *La epistemología*, Oikos-Tau, Barcelona, 1980, p. 15.
[11] BUNGE, Mario, *op. cit.*, p. 25.

fundamentos sólidos, ahora su interés es el llamado problema de demarcación, es decir, la cuestión de cómo distinguir entre ciencia y metafísica o entre ciencia genuina y seudociencia.

Hoy, esta epistemología normativa de cómo debe ser la ciencia, se orienta a analizar los diversos aspectos relacionados con la ciencia.

Para Lenk, la epistemología moderna estudia el sistema, la historia, el desarrollo, la organización, las condiciones, los efectos y funciones de la ciencia, así como los roles, relaciones recíprocas, formación de grupos y formas de comportamiento de los científicos, incluyendo cuestiones de motivación, estatus e imagen, e intentando también indicar descriptivamente la situación y las condiciones de desarrollo de las explicaciones y proporcionar pronósticos hasta tendencias y posibilidades de conducción y planificación de la ciencia[12].

En la misma dirección de Lenk, a juicio de Bunge, una auténtica epistemología debe abordar los siguientes aspectos[13]:

1. Debe hacer referencia a la lógica de la ciencia, es decir, debe tratar o investigar los problemas lógicos y metodológicos concernientes a la lógica requerida por la ciencia; así como a su estructura lógica.

2. Debe estudiar la semántica de la ciencia, es decir, los conceptos de referencia, representación, contenido, interpretación, verdad y afines que se presentan en la investigación científica.

3. Debe reflexionar sobre la ontología de la ciencia o análisis y sistematización de los supuestos y resultados ontológicos del conocimiento científico.

4. Debe reflexionar sobre la axiología de la ciencia o estudio del sistema de valores de la comunidad científica.

---

[12] LENK, Hans, *op. cit.*, p. 19.
[13] BUNGE, Mario, *op. cit.*, p. 22.

5. Debe tener criterios sobre la estética de la ciencia o estudio de los valores estéticos de la investigación científica.

6. Debe reflexionar acerca de los intereses que mueven la ciencia.

En conclusión, con los argumentos presentados en este capítulo, se espera que el estudiante que se inicia en la investigación conozca que existe un campo del conocimiento encargado de reflexionar sobre la ciencia y que, en este mismo sentido, cada uno de nosotros necesita reflexionar sobre los distintos aspectos de nuestra disciplina y en particulat del quehacer investigativo.

Es importante tener claridad, como afirma Cerda, que hoy no se puede ni se debe hacer investigación científica sin el concurso de la epistemología, pues esta reflexión nos atañe a todos y no es hoy un campo especializado para un grupo privilegiado de pensadores, sino que cada investigador está en la capacidad y en el compromiso de reflexionar sobre los distintos aspectos de la ciencia.

PREGUNTAS DE REPASO Y ANÁLISIS

1. ¿Qué se entiende por epistemología de la investigación?

2. ¿Por qué es importante la epistemología de las ciencias?

3. ¿Cuáles son los problemas objeto de estudio de la epistemología?

4. ¿Qué problemas debe estudiar un epistemólogo de las ciencias económicas y administrativas?

5. En grupo, hagan una reflexión epistemológica acerca de la responsabilidad social y ética de las empresas en este país.

Capítulo 3

SOBRE EL CONCEPTO DE CIENCIA SOCIAL

¿Ciencia = verdad?

¿Necesitamos
todos pensar
acerca de la
ciencia?

¿Falsación?

¿Sí son
científicos mis
conocimientos?

¿Soy
especialista en
mi área?

¿Revoluciones
científicas?

El presente capítulo analiza el concepto de ciencia social, que es el campo en que se enmarcan la administración y la economía. Su propósito es mostrar algunas de las cuestiones conceptuales que se plantean en el marco de las ciencias humanas (sociales) o ciencias del espíritu.

3.1. CONCEPTO DE CIENCIA SOCIAL

Como consecuencia de grandes acontecimientos sociales, como la Revolución francesa y la crisis social europea a finales del siglo XVIII, el mundo social se vuelve problemático y surgen las llamadas ciencias humanas o sociales, como la historia, la sociología, la psicología, la economía, el derecho y la pedagogía, orientadas a dar solución al desequilibrio social. De acuerdo con Mardones y Ursúa, la primera pregunta de los estudiosos de la ciencia fue: ¿son verdaderamente ciencias tales intentos y explicaciones, reflexiones y quehaceres? Según estos autores, la respuesta parece depender del concepto de ciencia que se utilice como parámetro. Hasta el momento no existe consenso acerca de la fundamentación de las llamadas ciencias humanas, sociales o culturales, y, por el contrario, la historia de la filosofía de las ciencias muestra una polémica incesante sobre su estatuto de cientificidad[1].

En este mismo sentido, Hugo Cerda afirma que desde finales del siglo XIX se planteó una polémica entre los investigadores de las ciencias sociales y los representantes de las denominadas ciencias naturales sobre la forma de abordar científicamente el estudio de la realidda. Y agrega este autor: "A pesar de que los años han modificado los términos y contenido de esta polémica, aún sigue vigente y quizás ésta se ha agudizado"[2].

De igual manera, López Cerezo, al referirse a la historia de la filosofía de la ciencia, afirma: "Hemos aprendido en concreto,

[1] MARDONES, J.M. y URSÚA, N., *Filosofía de las ciencias humanas y sociales*, Ed. Fontamara, México, 1987, p.19.
[2] CERDA, Hugo, *La investigación total. La unidad metodológica en la investigación científica*, Magisterio, Mesa Redonda. Bogotá, 1997, p. 13.

que hay distintos modos de aproximarnos a la ciencia y que cada uno de ellos nos proporciona una perspectiva parcial del mismo fenómeno"[3].

En virtud de lo ya expuesto, a continuación se presentan los criterios generales alrededor de los cuales ha girado la polémica respecto a la cientificidad o no de las ciencias sociales, con el fin de clarificar si éstas son ciencias autónomas con paradigma propio o deben acomodarse al paradigma de las ciencias físico-naturales o de las ciencias naturales.

3.2. POLÉMICA SOBRE LA CIENTIFICIDAD DE LAS CIENCIAS SOCIALES

De acuerdo con K. O. Apel, citado por Mardones y Ursúa, durante el trascurso de la historia de las llamadas ciencias sociales o ciencias del espíritu se pueden identificar tres fases o etapas de la controversia sobre la fundamentación epistemológica de estas nuevas ciencias[4].

3.2.1. Cientificidad de las ciencias sociales en sus inicios

Con el surgimiento de las ciencias sociales se presenta la primera polémica entre dos corrientes filosóficas: el positivismo y la corriente hermenéutica; la una que niega la autonomía de estas nuevas ciencias y la otra que la afirma.

- **Concepción positivista de la ciencia social**

Para el positivismo o ciencia como explicación casual, o concepción galileana de la ciencia, representada básicamante por Hume, Francis Bacon, Augusto Comte, William James y J. Stuart Mill, para que un conocimiento fuese considerado como conocimiento científico, debía acomodarse al paradigma de las llamadas ciencias naturales, caracterizado por:

---

[3] LÓPEZ C., José A., "Filosofía crítica de la ciencia", *Antropos*, Revista de la Documentación Científica de la Cultura, No. 82/83 de 1988, p. 42.
[4] MARDONES, J.M. y URSÚA, N., *op. cit.*, p. 27.

a. El monismo metodológico: es decir, unidad de método y homogeneidad doctrinal. Para los positivistas, sólo se puede entender de una única forma aquello que se considere como auténtica explicación científica.

b. El modelo de las ciencias naturales exactas. La unidad de método o método positivista lo constituye en esencia el modelo físico-matemático y por él estará medida la cientificidad de todo conocimiento que quiera llamarse científico.

c. La explicación casual. La ciencia debe dar respuesta a las causas o motivos fundamentales de los fenómenos. Así, la explicación de carácter causal debe estar expresada por la búsqueda de leyes generales hipotéticas.

d. La predicción. Para el positivismo, el conocimiento científico hace hincapié en la predicción de los fenómenos, el control y el dominio de la naturaleza.

En este sentido, para los positivistas la cientificidad de las ciencias sociales está dada por la capacidad de las mismas para acomodarse al paradigma de las ciencias naturales.

• **Concepción hermenéutica**

En directa oposición con el movimiento positivista surge el denominado movimiento hermenéutico, representado por pensadores como Droysen, Dilthey y Max Weber, en los siglos XVIII y XIX, y en el siglo XX Windelband, Rickert, Croce y Collingwood, entre otros. Según Apel, citado por Mardones y Ursúa, todos ellos tienen en común definir la principal característica de la concepción hermenéutica como una actitud de rechazo al monismo metodológico del positivismo, el rechazo a la física matemática como canon regulador de toda explicación científica y el rechazo del afán predictivo, causalista y de la reducción de la razón a razón instrumental[5].

---

[5] *Ibíd.*, p. 30.

Según Dilthey, citado por Reale y Antiseri, el positivismo reduce el mundo histórico a mera naturaleza, al aplicarle el esquema causal determinista que sólo es válido para la naturaleza[6].

Ahora, para el movimiento hermenéutico, el método propio de las ciencias sociales debe ser el método de la *comprensión* y no el de la explicación propuesto por el positivismo. Por tanto, en las ciencias sociales se busca comprender y no explicar. Comprender representa así la concepción metodológica propia de las ciencias humanas. El método de la comprensión, afirman los hermeneutas, busca entender o interpretar el sentido y el significado de los actos humanos. Las ciencias del espíritu pretenden comprender hechos particulares, mientras que las ciencias naturales tratan de formular leyes generales[7].

Comprender significa entonces *desvelar* el ser de las cosas. Desde la hermenéutica comprendemos cuando establecemos relaciones circulares entre el todo y la o las partes, en donde la anticipación del posible sentido está confirmada o superada en la contrastación con la coherencia significativa de todo el universo del hecho estudiado[8].

Ahora, siguiendo a Mardones y Ursúa, otra de las características fundamentales en la concepción hermenéutica es la unidad sujeto-objeto en oposición a la dicotomía sujeto investigador-objeto investigado, dándose origen aquí a la *intersubjetividad* en la generación del conocimiento en oposición a la objetividad que propone el positivismo científico. Estas dos características y el propósito de comprender hechos particulares y por ende generar principios y no leyes generales es lo que para muchos epistemólogos justifica la autonomía de las ciencias sociales respecto a las ciencias naturales[9].

---

[6] REALE, Giovanni y ANTISERI, Darío. *Historia del pensamiento filosófico y científico*, Volumen III, *Del romanticismo hasta hoy*, Ed. Herder, Barcelona. 1988, p.407.
[7] MARDONES, J. M. y URSÚA, N. *op.cit.*, p. 31.
[8] VALENCIA GARCÍA, Jaime, O.P., *Hermenéutica, introducción sistemática y analítica*, Ed. USTA, Bogotá, 1999.
[9] MARDONES, J. M. y URSÚA, N. *op.cit.*, p. 31.

3.2.2. Las ciencias sociales entre las dos guerras mundiales

De acuerdo con Reale y Antiseri, en los años que trascurren entre las dos guerras mundiales, la reflexión sobre el método científico se vio ampliamente estimulada. Para estos autores, durante ese período, el centro principal de la filosofía de la ciencia fue la Universidad de Viena[10], cuyos principales representantes fueron Schick, Carnap y Wittgenstein.

• El Círculo de Viena

Los planteamientos de los miembros del Círculo de Viena se conocen con el nombre de *neopositivismo o positivismo lógico* y, según Reale y Antiseri, se caracterizó por una actitud decididamente antimetafísica y por toda una serie de profundos análisis de gran relevancia acerca del lenguaje, la estructura y los métodos de las ciencias naturales, y los fundamentos de la matemática.

Lo fundamental del Círculo de Viena fue el principio de *verificación*, según el cual sólo tienen sentido las proposiciones que pueden verificarse empíricamente a través de los hechos de la experiencia y de la lógica. Científico es sólo el análisis de la realidad que trabaje con estos dos pilares: la teoría de la relación lógico-matemática y la verificación empírica mediante la experimentación[11].

Para el Círculo de Viena, la ciencia debe caracterizarse por un lenguaje científico universal, por la precisión y la formalización en sus enunciados, por la comprobación y verificación empírica de todas las afirmaciones. Únicamente tiene por verdadero y pleno de sentido lo que expresa un estado de cosas de manera objetiva; se sigue entonces que en la ciencia todo debe ser sometido a observación directa y a comprobación mediante la experimentación.

En este sentido, para el Círculo de Viena, muy poco del pensamiento filosófico de las ciencias humanas será científico y se rechazará como *seudociencia*[12].

---

[10] REALE, Giovanni y ANTISERI, Darío, *op.cit.*, p. 864.
[11] MARDONES, J. M. y URSÚA, N., *op.cit.*, p. 33.
[12] *Ibíd.*, p. 34.

El principio de verificación fue sometido rápidamente a críticas por el racionalismo popperiano cuando afirma que la verificación en la experiencia no sólo elimina las afirmaciones del positivismo lógico, sino que aniquila también las hipótesis empíricas y con ello todo conocimiento científico natural[13].

• Racionalismo crítico

El *racionalismo crítico* de K. Popper arremete duramente contra el positivismo lógico del Círculo de Viena, debido a que la pretensión de verificar empíricamente todo enunciado científico conduce a la muerte de la ciencia.

Para el racionalismo crítico, afirman Mardones y Ursúa, "nuestro saber es, desde el comienzo, *conjetural, hipotético,* siempre sometido a revisión". Por estas razones, hay que entender los enunciados científicos como esbozos arbitrarios y creativos que sólo tienen un valor conjetural e hipotético y necesitan comprobación ulterior. Puesto que no puede comprobarse todos los posibles casos involucrados en una hipótesis científica, no puede utilizarse la verificación para validar la ciencia sino la *falsación.* La hipótesis, por ejemplo ,"Las aves son ovíparas", si hubiese de ser verificada experimentalmente, exigiría comprobar esta cualidad en todas las aves del mundo. Pero como afirma el racionalismo crítico de Popper, esta comprobación evidentemente es imposible. Para validar la hipótesis, lo que puede hacerse no es verificar si "todas las aves son ovíparas", sino comprobar si "alguna ave no es ovípara". En caso de encontrarse algún caso que contradiga la hipótesis propuesta, ésta quedará falseada.

En el caso de que una hipótesis resista los intentos de falsación, se aceptará provisionalmente, mientras la contraria no se demuestre como científica.

En general, para el racionalismo crítico de Popper, la ciencia no es un saber seguro sino hipotético conjetural, que se construye

---

[13] REYES, Román, *Terminología científico social, aproximación crítica*, Antropos, Barcelona, 1988, p. 344.

con el método deductivo y no inductivo, que debe estar someti-
da a la falsación y no a la verificación. Desde esta concepción, en
la ciencia no existen fundamentos infalibles, sino problemas a
los cuales debe responder la ciencia y un convencionalismo crítico que debe apoyarse en la *fuerza crítica* de la razón. La ciencia,
entonces, no es posesión de la verdad, sino búsqueda incesante,
crítica, sin concesiones de la misma. El método científico al que
se debe someter toda ciencia es el de la crítica permanente[14]. El
objetivo de la ciencia, según Popper, es la obtención de teorías
cada vez más verosímiles, cada vez más cercanas a la verdad.

• Teoría crítica (Escuela de Francfort)

La teoría crítica de la sociedad, que tuvo su origen en el Institu-
to para la Investigación Social, fundado en Francfort, a principios de la década de 1920, con Horkheimer como iniciador, surge
como teoría de la sociedad existente, considerada en su totalidad. A esta escuela pertenecen pensadores como Teodor Adorno, Herbert Marcuse, Erich Fromm y, más recientemente, Jürgen
Habermas y K.O. Apel.

La teoría crítica de la Escuela de Francfort considera que el positivismo se reduce a una aceptación crítica de los hechos, de lo
existente, y no se da cuenta de que los hechos no son datos
inamovibles sino problemas, según Reale y Antiseri. Adorno
criticó con dureza la sociología de carácter positivista
(experimentalista), que no logra descubrir la peculiaridad típica de los hechos humanos y sociales, en comparación con los
naturales. Este ataque frontal se dirige contra lo que Adorno
considera imágenes desviadas de la realidad, imágenes que sólo
desempeñan la función de servir al poder, en lugar de actuar
como portavoz de una realidad marginante como la sociedad
contemporánea[15].

De acuerdo con la teoría crítica, para el positivismo, la razón es
pura razón instrumental, porque sólo puede individualizar,
construir o perfeccionar los instrumentos o medios adecuados

---

[14] MARDONES, J. M. y URSÚA, N. *op.cit.*, p. 37.
[15] REALE, G. y ANTISERI, D., *op.cit.*, p. 741.

para el logro de fines establecidos y controlados por el sistema, pero poco sirven para orientar la vida de los hombres. En este sentido, la teoría crítica rechaza el hecho de que la razón se reduzca a razón instrumental, es decir, al uso de la ciencia para alcanzar unos objetivos dados por un sistema, y, además, considera que la ciencia positivista es una ciencia legitimadora de la unidimensionalidad de la razón.

Según Mardones y Ursúa, la postura de la teoría crítica va más allá de las afirmaciones de Popper, ya que el problema de la ciencia más que ser de carácter epistemológico y mental es *práctico y real*. Se acepta que la base fundamental del método científico es la crítica, la razón crítica, la cual no debe consistir en mostrar si un enunciado responde o no a los hechos empíricos para darle la categoría de conocimiento científico, sino que es una crítica que orienta a la ciencia a la anticipación de un modo de sociedad que facilite que el ser humano sea mejor; se propone, por tanto, una metodología que responda a los datos de la realidad, pero que, principalmente, asuma un compromiso de contribuir en el bien de la sociedad y no de unos *intereses* particulares con pretensiones de objetividad, sino emancipadores y liberadores, propiciadores de la dignidad humana.

En síntesis, para los primeros representantes de la Escuela de Francfort y en particular para Adorno y Horkheimer, la objetividad de la ciencia se logra con el *"método crítico"*. Pero la crítica no es sólo formal, ya que no se limita únicamente a la reflexión sobre los enunciados, métodos y aparatos conceptuales, sino que es crítica del objeto del que dependen todos esos aspectos, es decir, del sujeto y sujetos vinculados con la ciencia organizada, pues si la crítica no se convierte en crítica de la sociedad, sus conceptos no son verdaderos[16].

En la segunda generación de la Escuela de Francfort, en especial J. Habermas y K.O. Apel plantean la necesidad del análisis de los intereses que rigen el conocimiento, porque consideran que el conocimiento no existe sin un interés de por medio.

---

[16] MARDONES, J. M. y URSÚA, N., *op.cit.*, p. 41.

De otra parte, para Habermas el positivismo consiste en la negación de la reflexión, por esto, la sociedad positivista carece del espacio y del sentido de la reflexión. De esta forma, la positivización de las ciencias tiene consecuencias sociales.

Para Habermas y Apel es necesario hacer ciencia social crítico-hermenéutica con un método que necesariamente utilice tanto la interpretación como la explicación por causas, orientada por el *interés emancipatorio* y dirigida a construir una sociedad buena, humana y racional.

3.2.3 Concepción actual de la ciencia

Siguiendo a Mardones y Ursúa, los años sesenta y setenta se dedicaron a la creación y discusión epistemológica. Así, filósofos como Lakatos, Paul K. Feyerabend, Larry Laudan y Thomas Kuhn forman parte de este grupo de epistemólogos pos-popperianos que han influido en el mundo del quehacer científico.

- **Thomas S. Kuhn y la estructura de las revoluciones científicas**

En 1963, Kuhn publicó el libro *La estructura de las revoluciones científicas,* en donde asegura que la comunidad científica se constituye mediante la aceptación de *paradigmas,* queriendo indicar con ello conquistas científicas universalmente aceptadas, que durante un tiempo determinado ofrecen un modelo de problemas y de soluciones aceptables para quienes trabajan en un campo de investigaciones[17].

Para Kuhn, en la historia de las ciencias se observan periodos de revolución, en los que cambia la ciencia aceptada hasta entonces, y periodos de ciencia normal, en los que dicha ciencia, que todos aceptan sin problema, permanece como reguladora del quehacer científico. Según este autor, el desarrollo de la ciencia se hace así de manera discontinua por cambios revolucionarios de paradigmas y por largos periodos de normalidad científica.

---

[17] KUHN, Thomas, *La estructura de las revoluciones científicas*, Tauros, Madrid, 1978.

- **Lakatos y la metodología de los programas de investigación científica**

Lakatos, discípulo de Popper, se distancia de su maestro y habla de programas *científicos de investigación* rivales que van desarrollando sus potencialidades, unos en oposición de otros, y que se falsean entre sí por su mayor validez global. De acuerdo con este autor, la historia de la ciencia es y debe ser una historia de programas e investigaciones en competencia[18].

- **Paul K. Feyerabend y la anarquía del método**

De acuerdo con Pérez de Laborda, en el mismo contexto de Lakatos, surge también la figura polémica de Feyerabend y su cruzada contra el método. Para él, el estudio detallado de lo que ha sido y sigue siendo la ciencia ofrece un resultado: no ha habido jamás un método, no puede haber un método[19].

En esencia, para Feyerabend, es necesario abandonar la quimera según la cual las reglas ingenuas y simplistas propuestas por los epistemólogos pueden dar razón de aquel laberinto de interacciones que nos muestra la historia real.

El anarquismo epistemológico de Feyerabend, afirman Reale y Antiseri, consiste en la tesis según la cual "la noción de un método que contenga principios firmes, inmutables y absolutamente vinculantes, en calidad de guía de la actividad científica, choca con dificultades notables cuando se enfrenta con los resultados de la investigación histórica, por consiguiente es necesario, en cierta circunstancia, violar alguna norma, para el avance científico"[20].

- **Morin y la complejidad y la integración del conocimiento**

En las dos últimas décadas ha venido haciéndose énfasis en la complejidad como un rasgo general de la realidad, dentro de la cual está la del propio ser humano que se caracteriza por la

---

[18] REALE, Giovanni y ANTISERI, Darío, *op.cit.*, p. 915.
[19] PÉREZ DE LABORDA, Alfonso, *La ciencia contemporánea y sus implicaciones filosóficas*, Cincel, Bogotá, 1989.
[20] REALE y ANTISERI, *op.cit.*, p. 917.

multidimensionalidad. El pensamiento complejo busca ampliar el horizonte de comprensión de la realidad sin agotarlo, pues de todas maneras el ser humano sólo puede percibir aspectos de la realidad. Desde esta perspectiva, la ciencia debe ser, entonces, un conocimiento abierto, inacabado y autocorrectivo. De acuerdo con el profesor Ruiz, en este contexto está orientada la propuesta de Morin, quien promueve la idea de un pensamiento que permita desarrollar un nuevo paradigma de complejidad, no para oponerse a la especialización del conocimiento de saberes, sino para contar con ellos y otros más[21].

Conclusiones

Con base en los planteamientos anteriores, queda aclarada la diversidad de criterios y posturas respecto del concepto de ciencia e igualmente de las implicaciones filosóficas, sociales y humanas que suponen la elección razonable de cualquiera de estas posturas o enfoque científico. En este sentido, la elección que se haga de un enfoque o concepto de ciencia determinará también el tipo de problemas que vayan a investigarse, las teorías que se construyan y la naturaleza y el valor de las contribuciones que el investigador haga para la promoción y el bienestar humanos.

Ahora, en el campo específico de la administración y la economía, es oportuno recordar que el fundamento de estas disciplinas es el hombre y, en particular, el bienestar del hombre. Por tanto, la investigación en este ámbito debe ser consciente de tal responsabilidad.

---

[21] RUIZ, Luis Enrique, "Aproximación a la integración superior del saber", en: GONZÁLEZ MOENA, Sergio, *Pensamiento complejo*, Magisterio, Bogotá, 1997.

Cuadro 1. POLÉMICA SOBRE EL CONCEPTO DE CIENCIA SOCIAL

(SIGLO XVIII - HOY)

INICIO DE LA POLÉMICA	CONTINUACIÓN DE LA POLÉMICA. PERIODO ENTRE LAS DOS GUERRAS MUNDIALES	SITUACIÓN ACTUAL DEL CONCEPTO DE CIENCIA
Positivistas Postulados: Toda ciencia para ser considerada como tal debe acomodarse al paradigma de las ciencias naturales (monismo metodológico, método físico-matemático y predicción de resultados y generación de leyes). Principales representantes: Augusto Comte, Francis Bacon, William James, J. Stuart Mill. **Hermeneutas** Postulados: Plantean autonomía de las ciencias sociales respecto a las ciencias naturales. Hacen énfasis en la intersubjetividad en oposición a la objetividad. Proponen el método de la comprensión en oposición a la explicación. Principales representantes: Dilthey, Droysen, Weber, Windelband, Rickert, Croce y Collingwood.	**Positivismo lógico Círculo de Viena** Postulados: En ciencia todo conocimiento debe ser sometido a verificación lógica y experimental. El lenguaje de la ciencia debe ser universal. Principales representantes. Carnap, Schick y Wittgentein. **Racionalismo crítico** Postulados: Propone la falsación y no la verificación para la validez de la ciencia. La ciencia se construye mediante el método deductivo y se valida con la crítica. La ciencia es conocimiento hipotético-conjetural. Representante: K. Popper. **Teoría crítica** La ciencia debe estar al servicio de la sociedad y no de un sistema. El conocimiento debe ser emancipador y no razón instrumental. Principales representantes: Horkheirner, Adorno, Habermas, Apel.	**Epistemologías recientes** • Las revoluciones científicas. Thomas Kuhn. Énfasis en los paradigmas científicos. • La metodología de programas de investigación. Imre Lakatos. Competencias entre programas de investigación. • La anarquía del método. Paul Feyerabend. No hay método único en la ciencia para crear conocimiento. • El pensamiento complejo y la integración del conocimiento. Edgar Morin. Propone pensar la realidad como una entidad compleja y pluridimensional. El conocimiento científico es una forma de conocer la realidad pero no la única.

PREGUNTAS DE REPASO Y ANÁLISIS

1. ¿Cuáles son los argumentos básicos para afirmar que hoy no existe consenso sobre el concepto de ciencia social?

2. Enuncie y comente las dos corrientes tradicionales de la filosofía del método científico.

3. ¿Cómo se concibe hoy la ciencia? ¿Qué ventajas tiene esta nueva concepción para el científico?

4. Elabore un ensayo sobre la polémica respecto del concepto de ciencia social, descrita en este capítulo.

5. ¿Qué relación tiene la polémica sobre la ciencia con el tema de la investigación en el campo de las ciencias económicas y administrativas?

Capítulo 4

COMPLEJIDAD
E INTERDISCIPLINARIEDAD
DE LA CIENCIA

Comunidad

Gobierno

Proveedores

Comercio
exterior

Psicólogo

Administrador

Médico

¿Investigación interdisciplinaria?
Trasdisciplinaria...
y...

En este capítulo se presentan dos características muy importantes en el actual estudio de las ciencias, especialmente de las ciencias humanas: la complejidad y la interdisciplinariedad de la ciencia.

4.1. NECESIDAD DE UN PENSAMIENTO COMPLEJO EN LA CIENCIA

Para González Moena, el hecho de que los fundamentos del pensamiento científico moderno, esto es la objetividad, la distancia entre lo subjetivo y lo objetivo, la causalidad lineal, la neutralidad, la formulación de leyes generales, la especialización del conocimiento, estén siendo seriamente cuestionados por la crisis que experimenta la modernidad occidental, exigen pensar el mundo desde un nuevo paradigma, el de la complejidad[11], indicando así, que si queremos un mundo mejor, se debe comenzar por pensar el mundo como una realidad pluridimensional, compleja, paradójica, cambiante, con orden y desorden, con logros y frustraciones, etcétera.

Esta propuesta de González Moena fundamentada en las ideas de Morin respecto al pensamiento complejo deben ser asumidas con seriedad en un proceso de investigación científica en el campo de las ciencias económicas y administrativas, porque estas disciplinas tienen como objeto de estudio el hombre en el contexto de los negocios y la vida económica de la sociedad. Y tanto la sociedad como el hombre, por su propia naturaleza, son complejos e inagotables pero a la vez simples y limitados.

Asumir la realidad del paradigma de la complejidad, afirma González Moena, significa ser capaz de concebir sin oposiciones la organización, la desorganización y autoorganización e integrar las realidades física, biológica, cultural, social, psíquica, intelectual y espiritual, entre otras, que conforman al ser humano de manera simultánea.

Ahora, para el paradigma de la complejidad, el conocimiento científico es una de las diversas formas de conocer el mundo y no la única. Y el concepto del saber es más adecuado que el

---

[1] GONZÁLEZ MOENA, Sergio, *Pensamiento complejo*, Mesa Redonda, Magisterio, Bogotá, 1997.

concepto de conocimiento y más todavía que el de conocimiento científico.

Otro aspecto que debe considerarse en el paradigma de la complejidad son sus características, las cuales el profesor Ruiz, siguiendo a Mardones y Ursúa, sintetiza de la manera siguiente[2]:

- La complejidad es un rasgo general de toda la realidad; desde lo animado a lo viviente y desde lo humano a lo social.

- La ciencia es un punto de vista de la complejidad.

- La visión de la complejidad implica percibir al mismo tiempo todo el sistema, así como lo singular, lo temporal y lo local de éste.

- La complejidad exige conjugar la visión totalizadora con la contextual.

- La visión de la complejidad implica la apertura metodológica, pues no tiene un método propio. Se opone al mecanismo metodológico y frente al reduccionismo positivista afirma el canon del conocimiento de las ciencias sociales.

- Esta propuesta privilegia las visiones generales y los bosquejos explicativos.

- Integra al observador con lo observado.

- Acepta la constancia y el cambio.

- Se apoya en la interdisciplinariedad y trasdisciplinariedad o metaconocimiento.

- Se orienta a comprender totalidades concretas.

- Conjuga la explicación causal con la interpretación o comprensión hermenéutica.

---

[2] RUIZ L., Enrique, *op.cit*.

- Reconoce el carácter evolutivo de la realidad y del conocimiento científico, la comprensión del desorden, el error, la contradicción y la incertidumbre.

- Rompe con el sentido unilineal de la evolución de la realidad y del conocimiento, al incorporar el principio de la realimentación o recursividad.

En síntesis, como afirma el profesor Ruiz, esta visión de la complejidad invita a desarrollar una especial capacidad de escuchar a los demás, de comprender sus puntos de vista, de superar las visiones unilaterales, unidimensionales y convergentes[3].

4.2. INTERDISCIPLINARIEDAD E INTEGRACIÓN DEL CONOCIMIENTO

Para el profesor Ruiz existen varias propuestas gnoseológicas o epistemológicas tendientes a lograr la integración superior del saber; ellas son:

- **El concordismo.** Es un criterio orientado a identificar concordancia entre la verdad científica y la religiosa y el colectivismo, que consiste en buscar puntos comunes o que puedan compartirse, entre las distintas disciplinas.

- **La multidisciplinariedad.** Es un diálogo entre las ciencias en el que cada disciplina se mantiene dentro de su enfoque, métodos, categorías y especialidad, sin más compromiso que el de exponer su punto de vista sobre un tema, en una exposición de conocimientos.

- **La interdisciplinariedad.** Es una alternativa que actualmente representa uno de los problemas teóricos y prácticos esenciales para el progreso de la ciencia. Para Nikolaevitch, el concepto de unidad interna de las diversas ramas del saber y el de sus relaciones y acciones recíprocas ocupan un lugar cada vez más importante en el análisis filosófico, metodológico y sociológico, así como en el análisis científico y concreto de las características del progreso científico en el

---

[3] *Ibíd.*, p. 81.

mundo actual. Según este autor, la solución de los numerosos y complejos problemas de la interdisciplinariedad aparece como una de las premisas teóricas más importantes para la comprensión de los procesos fundamentales del desarrollo científico y técnico y de su relación con el progreso social[4].

En su acepción más general, la interdisciplinariedad, en el campo de la ciencia consiste en una cierta razón de unidad, de relaciones y de acciones recíprocas, de interpretaciones entre diversas ramas del conocimiento llamadas disciplinas científicas. Como afirma el profesor Ruiz, en la interdisciplinariedad, sin desconocer los límites propios de cada ciencia o disciplina, se buscan factores de unidad entre diversos saberes, en cuanto al objeto, al método o al lenguaje.

En palabras de Nikolaevitch, "la interdisciplinariedad consiste, ante todo, en un intercambio recíproco de resultados científicos y en un desarrollo mutuo de las diversas disciplinas, comprendida la nueva disciplina que nace del propio intercambio"[5].

- **Trasdisciplinariedad.** A medida que la progresión del saber se realiza por especialización, la preocupación por la unidad y por un conocimiento que trascienda el conocimiento existente suscita el deseo de un reagrupamiento que pondría remedio a la intolerable disgregación de los campos del conocimiento.

Para Gusdorf, "más allá de la interdisciplinariedad del conocimiento orientado al logro de unidad e integración del conocimiento, existe la noción de trasdisciplinariedad, que enuncia la idea de trascendencia, o de instancia científica capaz de imponer su autoridad a las disciplinas particulares, designando un lugar de convergencia y una perspectiva de objetivos que integrará en el horizonte del saber"[6]. Puede tratarse de un metalenguaje o de una metaciencia o de un

[4] NIKOLAEVITCH, Stanislav, "La aproximación interdisciplinaria en la ciencia de hoy", en: *Interdisciplinariedad y ciencias humanas*, Tecnos, Unesco, Nueva York, 1998, p. 51.
[5] *Ibíd.*, p. 53.
[6] GUSDORF, Georges, *Pasado, presente y futuro de la investigación interdisciplinaria*, Unesco, Washington, 1998.

metaconocimiento, es decir, de un conocimiento que rebasa los límites de las disciplinas objeto de la integración, en virtud de que en la práctica los problemas igualmente rebasan los límites de cualquier conocimiento especializado y para su mejor comprensión se requiere una integración de saberes que generan un saber superior al existente o una nueva ciencia o disciplina científica.

En síntesis, el desafío de hoy en el campo de la epistemología es el de la integración del conocimiento entendido como una categoría más amplia que la de la propia ciencia, porque incluye los saberes de la vida cotidiana como la religión, el mito, las creencias, etcétera.

Hoy se necesita integrar al conocimiento y para ello es necesario investigar en grupos interdisciplinarios capaces de trascender su disciplina para generar nuevo conocimiento mediante la trasdisciplinariedad. El investigador individual no tiene razón de ser.

Este aspecto de la complejidad y trasdisciplinariedad de la ciencia es muy importante en el campo de las ciencias económicas y de la administración, si se tiene en cuenta que estas disciplinas se apoyan en otras para su desarrollo y su acción práctica.

PREGUNTAS DE REPASO Y ANÁLISIS

1. ¿Qué es el pensamiento complejo?

2. ¿Por qué en la actualidad se plantea la necesidad de un pensamiento complejo en la ciencia?

3. Enuncie y comente las características de la epistemología de la complejidad en las ciencias.

4. ¿Cuál es la relación entre interdisciplinariedad, trasdisciplinariedad y complejidad en las ciencias?

5. En grupo, explique cómo sería una investigación que incluyera los conceptos de interdisciplinariedad, trasdisciplinariedad y complejidad.

6. Comente las ventajas y dificultades que en la práctica pueden presentarse para realizar investigación interdisciplinaria y compleja.

7. Cite ejemplos de estudios o temas en las ciencias de la administración o de la economía que deban ser estudiados de manera interdisciplinaria y compleja.

8. Cite ejemplos de investigaciones, en el campo de las ciencias de la administración o de la economía, que se hayan ejecutado con enfoque interdisciplinario y complejo.

Capítulo 5

CIENCIA – PROGRESO – CALIDAD DE VIDA

Con base en los fundamentos epistemológicos de la investigación, se necesita hacer una investigación científica en favor del desarrollo humano integral, pues no cabe duda acerca de la importancia de ésta como herramienta de progreso para una sociedad cada vez más compleja y competitiva. Por esto, a continuación se reitera la necesidad de pensar la ciencia como fuente de desarrollo humano antes que como instrumento de poder.

La necesidad de afirmar el valor y la dignidad de lo humano en el desarrollo científico y de asignarle un lugar importante en el aspecto tecnológico y científico, es uno de los propósitos fundamentales que alientan a los científicos sociales a reivindicar los valores del *humanismo*.

Es importante tener claro que el humanismo no debe ser una fórmula ni un sistema, ni una filosofía, sino una manera de abordar la existencia con la responsabilidad de asumir lo humano como lo fundamental.

5.1. EL SER HUMANO ACTUAL ANTE LA CIENCIA

El ser humano actual alberga sentimientos contradictorios. Por una parte, los de *grandeza y prepotencia*, gracias al desarrollo científico y tecnológico y, por otra, los de la *desesperación y la impotencia* de sus propios límites y posibilidades de autodestrucción. El mundo moderno exige respuestas inmediatas y continuas, que hacen que el ser humano se enfrente consigo mismo y con sus valores[1].

La especialización de las diversas ramas de la ciencia y de la técnica hacen del ser humano actual un ser capaz de manejar gran cantidad de datos y teorías, pero sin criterio frente a sí mismo y a los demás.

En el caso de las organizaciones empresariales, su principal objetivo es la producción y el beneficio, con menosprecio de los valores humanos y la dignidad de las personas; aunque se hable de que ellas son lo más importante, en realidad su esencia se ve reducida al nivel de un instrumento que sólo tiene valor en la medida que produce. Para Rodríguez, nada ansía más el traba-

---

[1] ARTIGAS, Mariano, *El hombre a la luz de la ciencia*, Libros Mc., Madrid, 1992. p. 48.

jador que salir del sitio de trabajo, a fin de encontrarse consigo mismo y con lo poco de humanidad que le queda[2].

Para este autor en las relaciones humanas se produce un fenómeno de distorsión, pues los afectos y los sentimientos se mezclan con intereses sociales y económicos que se constituyen en una red compleja de apariencias donde predominan la ostentación, el afán de poder, el exhibicionismo de las riquezas, los títulos, los linajes y los convencionalismos sociales de clase.

La relación con los demás está mediatizada por el interés, por la utilidad inmediata o futura que pueden deparar ciertas vinculaciones.

Los demás se consideran como simples medios de ocasión para negocios e influencias. Se valora a los demás en función de su dinero y de su poderío social. Las amistades son entonces simples relaciones tácticas, que se tienen y se dejan según las circunstancias.

Por ello, se necesita pensar en el ser humano como persona que siente, que sufre, que goza y, sobre todo, como un ser libre trascendental, espiritual, digno de respeto y reconocimiento.

5.2. CIENCIA, CULTURA Y PROGRESO

Por desgracia, cuando se realiza un análisis de la *ciencia, la cultura y el progreso*, los resultados no son sólo interesantes sino revelan además algunos aspectos trágicamente serios de nuestra cultura. Una de estas tragedias fue la segunda guerra mundial, así como la problemática que hoy vive el ser humano.

Estudiosos de la relación entre ciencia y progreso, como Stanley Jaki, afirman que es usual hablar de la importancia de la ciencia, pero se dice muy poco de las limitaciones y de los usos que de la misma se hacen. En este sentido, en 1963, Erich Fromm, citado por Jaki, en la reunión de la American Orthopsjehiatic Association, celebrada en San Francisco, al

---

[2] RODRÍGUEZ y colaboradores, Antropología, perspectiva latinoamericana, USTA, Bogotá, 1984, p. 15.

referirse a la erosión de los valores morales de la sociedad actual, afirmó: "El hombre participa en la furiosa competencia del comercio, donde el valor personal se mide en términos de los precios del mercado, y no es consciente de su ansiedad... parece que el hombre ha muerto y se ha trasformado en un objeto, en un productor, en un consumidor, en un idólatra de las cosas, idolatría que sería inconcebible sin la ciencia moderna y la tecnología,... ". Y agrega: "... sin embargo, ni la ciencia ni la tecnología son responsables de la idolatría ni de sus nefastos defectos. El tipo de idolatría que la ciencia ha hecho posible simplemente demuestra que si el hombre no posee valores morales y fuerza moral, no será la ciencia la que proporcione esos valores y esa fuerza... No fue la ciencia la que afirmó que se puede producir un cielo en la tierra, fueron algunos interesados en los beneficios que de ello se podrían obtener quienes hicieron tales afirmaciones"[3].

En esta misma dirección, Polykarp Kush, citado por el mismo Jaki, afirma: "La ciencia no puede hacer muchas cosas... suponer que la ciencia puede encontrar la solución técnica para todos los problemas es el camino hacia el desastre"[4].

Para Jaki, se necesita superar el *reduccionismo* consistente en afirmar que el conocimiento científico es el único válido, debido a que éste es la principal causa de la actual pobreza cultural. No hay que olvidar que personas como Einstein, uno de los físicos más importantes de todos los tiempos, no se avergonzaba de confesar sus grandes limitaciones no sólo como persona sino como científico.

En este sentido, según Jaki, lo que debería reconocerse es que ninguna forma específica de conocimiento puede hacer justicia a toda la gama y complejidad de la experiencia humana, pues "si no se admite esto, continuará el debate infructuoso y estéril entre los humanistas y los científicos por la creciente insatisfacción con los resultados o usos del conocimiento científico porque no da más de lo que la ciencia puede dar"[5].

---

[3] JAKI, Stanley L., *La ciencia, fe y cultura*, Libros Mc., Madrid, 1991, p.38.
[4] *Ibíd.*, p. 38.
[5] *Ibíd.*, p. 53.

El debate al que hace referencia Jaki es una reacción contra el *cientificismo*, contra la creencia de que la ciencia libraría al ser humano y a la sociedad de todos sus problemas, aunque es necesario recalcar que las figuras realmente importantes de la ciencia nunca han apoyado el credo del cientificismo, es decir, la idea de hacer creer que la ciencia es un remedio para todos los problemas humanos y por tanto el medio para hacer de la Tierra un paraíso.

Debe tenerse claro, según afirma Artigas, que la ciencia no puede jugar un papel profético y redentor, ni siquiera en su propio campo[6]. Puede ser que algún día la ciencia describa con gran precisión los niveles energéticos de todos los electrones del cerebro, pero las preguntas existenciales seguirán encerrando un carácter desconcertadamente distinto y complejo. Sin embargo, no puede desconocerse que la ciencia es una parte fundamental de la humanidad. La investigación científica es tan humanista como la filosofía y la literatura. El ser humano ha sido siempre y al mismo tiempo hombre de letras, hombre filosófico. Por esto, el reconocimiento de este hecho es el tipo de conocimiento que se necesita en una edad o época como la actual, donde el ser humano parece vivir un vacío existencial y donde el uso de la ciencia es un uso sin conciencia.

5.3. LA ÉTICA DE LA CIENCIA

Dado que la ciencia moderna es uno de los mayores logros de la humanidad y teniendo en cuenta que se vive en un mundo basado en la ciencia, o más bien gobernado por unas ideologías fundamentadas en la ciencia y en el uso de instrumentos creados por la ciencia, es necesario ser consciente de que dichas ideologías e instrumentos pueden ser utilizados de forma correcta o incorrecta, es decir, de un modo *ético* o no. Por este motivo, es definitivo pensar en una *ética de la ciencia*, es decir, una *ciencia con conciencia*, una ciencia cuyas ideologías e instrumentos se utilicen de manera correcta. No debe olvidarse que así como la ciencia ha generado progreso, también ha generado destrucción y aniquilamiento.

---

[6] ARTIGAS, Mariano, *El hombre a la luz de la ciencia*, Libros Mc., Madrid, 1992, p. 48.

Un uso inadecuado de la ciencia, afirma Jaki, puede convertir a ésta en una empresa "sin alma", o mejor, en una aniquiladora del alma[7], si se le eleva a la categoría de filosofía fundamental como parece suceder hoy, cuando el ser humano parece estar al servicio de la ciencia y no la ciencia a su servicio.

Ninguna época ha sido testigo de asesinatos en masa de inigualables proporciones y en tan repetidas ocasiones como la era científica. Asesinatos en masa que han sido cometidos con instrumentos cada vez más sofisticados, resultado del progreso de la ciencia. De ahí la imperiosa necesidad de una ética de la ciencia, una ciencia orientada a formar mejores personas, más humanas y respetuosas de ellas, de los demás y del medio donde viven.

Hay que preguntarse cuán ético es permitir la creación de seres humanos en probetas, la manipulación de los genes de una persona y la clonación de seres humanos.

Popper considera que la ciencia, más que una teoría del conocimiento, debe ser concebida como una actitud de respeto a la vida humana, a la moral, y propender al bienestar, procurando el mejoramiento de las condiciones de vida de toda la sociedad en pro de un mundo mejor[8], es decir, se necesita hacer ciencia con responsabilidad para construir una sociedad buena, humana y racional, con una visión amplia y compleja del mundo y del propio ser humano.

---

[7] JAKI, Stanley L., *op. cit.*, p. 55.
[8] POPPER, Karl, *El mito del marco común, en defensa de la ciencia y la racionalidad*, Paidós, Barcelona, 1997.

PREGUNTAS DE REPASO Y ANÁLISIS

1. Escriba un ensayo sobre la problemática del ser humano actual y el papel de la ciencia en ella.

2. Escriba un ensayo sobre la relación entre ciencia, cultura y progreso.

3. Elabore una reflexión sobre la ética de la ciencia.

4. Indague acerca del uso ético o no de la investigación en las empresas o en la administración pública (laboratorios, empresas de tabaco, modelos económicos, etcétera).

5. Promueva un debate sobre la relación entre la ciencia y el desarrollo humano.

6. Basándose en las conclusiones del debate sobre ciencia y desarrollo humano, elaboren una lista de temas que puedan ser objeto de investigación en diferentes empresas u organizaciones.

PROCESO DE INVESTIGACIÓN CIENTÍFICA

Capítulo 6

MÉTODOS DEL PROCESO DE INVESTIGACIÓN CIENTÍFICA

¿Métodos?

Mi método es el mejor...

¿Por qué?

Luego de estudiar la importancia de la investigación científica en el campo de las ciencias económicas y administrativas por el papel que éstas desempeñan en la sociedad moderna; de conocer el papel de la epistemología o filosofía de la ciencia y de tener una concepción crítica sobre el concepto de ciencia y de método científico, como de analizar la relación entre ciencia y desarrollo humano, en esta tercera parte del libro se busca desarrollar los pasos del proceso de investigación científica, siguiendo el método de investigación general. Se muestra la existencia de otros métodos de investigación científica que igualmente pueden aplicarse para hacer investigación en las ciencias económicas y administrativas y que a su vez sirven para ejemplificar la diversidad de métodos, y para reiterar que el método no es un proceso rígido, pues es necesario flexibilizarlo según las características de la investigación que va a desarrollarse.

Es muy usual que la persona que se inicia en el mundo de la investigación tienda a seguir de manera rígida y mecánica el proceso investigativo, lo que obedece, en gran parte, a la falta de cierta fundamentación sobre la filosofía de la ciencia o epistemología científica.

El propósito de este capítulo es mostrar algunos métodos de un esquema general de la investigación que necesariamente se desarrolla por etapas, teniendo en cuenta que el proceso de construcción del conocimiento científico no es *lineal*, con un único punto de inicio y un punto de finalización, sino *integral*, es decir, cada etapa está interrelacionada con las demás, y debe tenerse una visión de conjunto a pesar de que metodológicamente se plantee una secuencia.

6.1. MÉTODO CIRCULAR DEL PROCESO DE INVESTIGACIÓN CIENTÍFICA

Para Walter Wallace, la investigación científica debe ser un proceso *circular y no lineal* de interdependencia entre los distintos aspectos constitutivos del método científico en la dinámica de la generación del conocimiento válido. En este sentido, el aporte de Wallace consiste en darle una dimensión dinámica e interactiva al proceso de investigación, concibiéndolo como un sistema activo.

---

[1] WALLACE, Walter L., *La lógica de la ciencia en la sociología*, Alianza Editorial, Madrid, 1976.

Diseño metodológico de método circular de investigación

La gráfica 1 muestra la interrelación entre los diferentes aspectos constitutivos del proceso de investigación científica como un sistema interactivo integrado por tres componentes básicos:

- **Aspectos generadores de información** (teoría, hipótesis observación).

- **Controles metodológicos de la investigación** (deducción y/o inferencia lógica), contrastación de hipótesis, medición y estimación de parámetros y formación de conceptos.

- **Trasformadores de información**: hacen referencia a los cambios por los que sufre la información al interactuar los generadores de información con los controles de la misma.

Para Wallace, el proceso de investigación científica considerado como un sistema dinámico circular permite alternativas para los puntos de inicio y de finalización del proceso. Por ejemplo, una investigación puede tener su inicio en la formulación de una hipótesis y terminar en una teoría y viceversa. Pero, también, puede iniciarse a partir de un acto de observación y finalizar con una prueba de hipótesis que puede conducir a una generalización empírica de resultados.

Con el método de investigación científica propuesto por Wallace, es importante comenzar a considerar la investigación como un proceso cíclico y por esto el presente libro, a pesar de que desarrolla un proceso investigativo que parece lineal, parte del supuesto de que igualmente se puede partir de otro punto distinto al de iniciar por *tener una idea de investigación*. De igual forma, se reconoce la existencia de otros métodos, como podrá apreciarse en seguida.

Ahora, algo muy importante para tener en cuenta en toda investigación que pretenda ser científica, o de conocimiento válido, es que debe seguirse un método, que necesita estar previamente validado y aceptado por la comunidad científica.

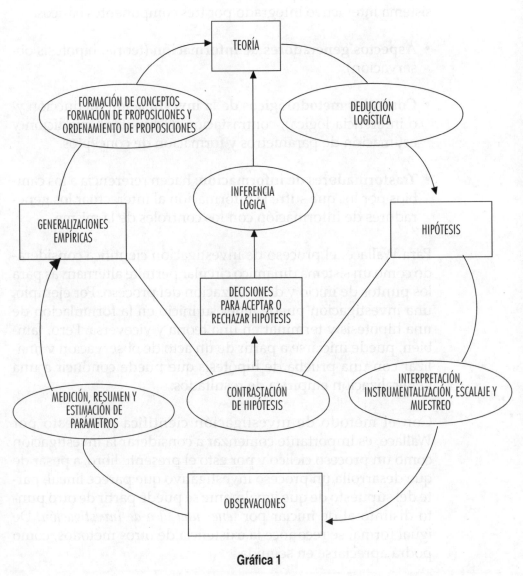

Gráfica 1

NOTA: los componentes de información van en rectángulos, los controles metodológicos, en óvalos, y las trasformaciones de información se indican con flechas*.

---

* WALLACE, Walter L., *op. cit.*, p. 22.

Por ello, cuando se pretenda hacer investigación científica no es necesario que cada investigador o grupo de investigación proponga su propio método, sino que siga el más apropiado según el problema que va a investigarse.

Para ejemplificar la pluralidad de métodos de investigación científica, a continuación se hace referencia a tres métodos que parecen ser los más usados en los últimos años. Estas metodologías son la investigación acción participativa, conocida como IAP, la investigación etnográfica y la investigación tradicional, que es el método de investigación más usado en la producción de conocimiento científico; por ello, sólo se hace una breve mención de la IAP y de la investigación etnográfica* y se hace énfasis en el diseño tradicional de investigación científica.

6.2. MÉTODO DE INVESTIGACIÓN ACCIÓN PARTICIPATIVA, IAP

En la *investigación acción participativa*, IAP, la teoría y el proceso de conocimiento son, esencialmente, una interacción y trasformación recíproca de la concepción del mundo, del ser humano y, por ende, de la realidad.

La IAP hace hincapié en que la validez del conocimiento está dada por la capacidad para orientar la trasformación de una comunidad u organización, tendiente a mejorar la calidad de vida de sus miembros y participantes. Para Murcia Florián, el postulado fundamental de la IAP es que el conocimiento de la realidad del objeto es en sí mismo un proceso de trasformación a través de la superación de los conflictos y contradicciones del investigador, del grupo participativo y del problema y objeto de estudio[2]. Entonces, el conocimiento de la realidad no se descu-

---

* La IAP y la investigación etnográfica son métodos de investigación de carácter eminentemente cualitativo, orientados básicamente a la investigación social y cultural, muy poco al campo de las ciencias socioeconómico-administrativas. Estos métodos han cobrado enorme actualidad por sus efectos en la concepción misma de ciencia y/o, en especial, en el papel activo que el investigador debe asumir, como agente de cambio social y no como simple conocedor externo, como sucede con la investigación tradicional.

[2] MURCIA FLORIÁN, Jorge, *Investigar para cambiar*, Magisterio, Bogotá, 1977, p. 37.

bre ni posee, es el resultado de la trasformación objetiva y subjetiva que lo produce dentro del mismo proceso de investigación.

La investigación acción es la producción de conocimiento para guiar la práctica que conlleva la modificación de una realidad dada como parte del mismo proceso investigativo.

Dentro de la investigación acción, el conocimiento se produce simultáneamente con la modificación de la realidad, llevándose a cabo cada proceso en función del otro y debido al otro.

Diseño metodológico de la IAP

De acuerdo con Murcia, el método o diseño de investigación participativa comprende las siguientes etapas[3]:

a. Selección de una comunidad determinada.

b. Revisión de datos (en cuanto a necesidades, problemas que han de ser estudiados y participantes).

c. Organización de grupos.

d. Estructura administrativa de la investigación.

e. Desarrollo del trabajo investigativo.

f. Devolución sistémica del conocimiento producido por la propia comunidad para hacer ajustes y continuar el proceso de trasformación de la realidad y de la teorización.

g. Elaboración del marco teórico y redacción del conocimiento construido.

Así, un proceso investigativo en la metodología IAP, afirma Fals Borda, debe involucrar a la comunidad o población en el proyecto investigativo, desde la formulación del problema hasta la discusión sobre cómo encontrar soluciones, y la interpretación de los resultados[4].

---

3 *Ibíd.*, p. 38.
4 FALS BORDA, Orlando, *El problema de cómo investigar la realidad para trasformarla por la praxis*, Tercer Mundo Editores, Bogotá, 1990, p. 27.

Hasta ahora este método no se ha utilizado en la investigación en el campo económico-administrativo en nuestro medio, pero investigadoras como Mara Selvini Palazzoli, de la Universidad de Milán en Roma, han comenzado a experimentar esta metodología en Europa, especialmente en Italia[5].

Ahora, las personas que quieran profundizar en el tema de la investigación acción participativa, pueden consultar las obras del profesor Fals Borda y las obras de De Schutter.

6.3. MÉTODO DE INVESTIGACIÓN ETNOGRÁFICA

El término *etnografía* significa descripción del estilo de vida de un grupo de personas habituadas a vivir juntas[6]. Así, en la sociedad moderna, una familia, una empresa, una institución sin ánimo de lucro y, en general, cualquier organización en la que interactúen de manera permanente un grupo de personas, son unidades que pueden ser estudiadas etnográficamente.

El objetivo inmediato de un *estudio etnográfico* es crear una imagen realista del grupo estudiado y su intención es contribuir a la comprensión de grupos u organizaciones más amplias que tienen características similares. Esto se logra al comparar o relacionar las investigaciones particulares de diferentes autores.

El propósito específico de la investigación etnográfica es conocer el significado de los hechos dentro del contexto de la vida cotidiana del grupo objeto de estudio.

En este método, los problemas no se formulan previamente sino que van apareciendo a medida que se realiza el estudio.

Diseño metodológico de investigación etnográfica

Un proceso de investigación etnográfica debe incluir los siguientes aspectos[7]:

---

[5] SELVINI PALAZZOLI, Mara, *Al frente de la organización*, Paidós, México, 1995.
[6] MARTÍNEZ, Miguel, *La investigación cuantitativa etnográfica*, (s.e.), Bogotá, 1997, p. 125.
[7] *Ibíd.*, pp. 130-133.

a. Introducción.

b. Interrogantes planteados y objetivos del estudio.

c. Orientación epistemológica del investigador.

d. Marco teórico y conceptual que sustenta la actividad investigativa.

e. Diseño o modelo general que caracteriza el trabajo.

f. Selección de los participantes y su situación.

g. Experiencia y papel del investigador.

h. Estrategias para la recolección de datos.

i. Técnicas de categorización, análisis e interpretación de la información.

j. Presentación y aplicación de los resultados.

6.4. MÉTODO GENERAL DEL PROCESO DE INVESTIGACIÓN CIENTÍFICA

Para que se dé el conocimiento científico en forma razonada y válida, un método general de investigación deberá cumplir unos requisitos específicos de la ciencia.

El profesor Carlos Muñoz, fundamentado en Mario Bunge, presenta un inventario de las principales características de la ciencia[8].

• El conocimiento científico es fáctico (verdadero).

La ciencia intenta descubrir los hechos como son, independientemente del valor comercial o emocional que se les otorgue.

---

[8] MUÑOZ, Carlos, *Cómo elaborar y asesorar una investigación de tesis*, Prentice Hall, México, 1998, pp. 173 - 189.

- El conocimiento trasciende los hechos.

  La investigación científica observa los hechos, descarta los que no le son útiles, produce acontecimientos nuevos y los explica después de observarlos y describirlos y de realizar cierta experimentación.

- La ciencia es analítica.

  La ciencia aborda problemas específicos y trata de descomponer sus elementos, a fin de entenderlos de manera integral y relacionada con el medio que los rodea.

- La investigación científica es especializada.

  A pesar de utilizar muchas y muy variadas técnicas de observación y experimentación, métodos, procedimientos, análisis y alcances, etcétera, la investigación científica se enmarca en una disciplina en particular.

- El conocimiento científico es claro y preciso.

  La ciencia es mucho más que un método organizado, constituye una alternativa de conocimiento que se apoya en métodos y técnicas comprobadas para dar claridad a la investigación y precisar sus resultados.

- El conocimiento científico es comunicable.

  La comunicación de resultados y técnicas utilizadas para lograr conocimiento científico perfecciona la ciencia y multiplica las posibilidades de confirmación, refutación y expansión.

- El conocimiento científico es verificable.

  Para que el conocimiento sea admitido como ciencia, tendrá que someterse a la comprobación y a la crítica de la comunidad científica.

- La investigación científica es metódica.

  Cualquier trabajo de investigación científica se fundamenta en un método, unas técnicas y unos procedimientos que han resultado eficaces en el pasado.

- El conocimiento científico es sistemático.

La ciencia es un sistema de ideas interconectadas que buscan la verdad.

El fundamento de la ciencia es un conjunto ordenado de principios, hipótesis y resultados que se conjugan mediante un método lógico y coherente que les da racionalidad y validez.

- El conocimiento científico es general.

La ciencia ubica los hechos singulares en pautas generales y promueve que de enunciados particulares deriven esquemas más amplios. (En este punto es importante recordar que el debate de la filosofía de la ciencia se refiere a que el conocimiento científico es hipotético-deductivo y no inductivo, es decir, que va de lo general a lo particular y no inversamente).

- El conocimiento científico es legal.

El conocimiento científico busca leyes, se apoya en pautas generales. Estas leyes deben servir como marco de referencia y no como una norma rígida.

- La ciencia es explicativa.

La ciencia no sólo se conforma con hacer la descripción detallada de un fenómeno o situación, sino que busca entender el porqué de los hechos.

- El conocimiento científico es predictivo.

La ciencia supone los fenómenos del pasado para proyectarlos al futuro; a partir de resultados de investigaciones se predicen nuevos hechos y consecuencias.

- La ciencia es abierta.

El conocimiento científico, a pesar de fundamentarse en leyes, considera que el conocimiento actual es susceptible de ser corregido y reemplazado.

- La ciencia es útil.

La ciencia busca la verdad y la objetividad de los resultados, pero en particular busca solucionar problemas.

Es evidente que estas quince características responden a un tipo específico de modelo o idea de ciencia, como es la ciencia fáctica o modelo general de ciencia positivista, que es uno de los modelos de investigación científica que existen.

6.4.1. Modelos del método general de investigación científica

En investigación, el método científico es el conjunto de etapas y reglas que señalan el procedimiento para llevar a cabo una investigación cuyos resultados sean aceptados como válidos para la comunidad científica[9].

Ahora, dentro del modelo general de investigación científica, existen también muchas versiones de métodos o procesos de investigación. Sin embargo, aquí sólo se mencionan lo más conocidos:

- Método científico de Mario Bunge.

- Método científico de Arias Galicia.

- Método científico (modelo general) de Hernández, Fernández y Batista.

6.4.1.1 Método científico de Mario Bunge

En forma sintética, el método de Mario Bunge abarca los siguientes pasos[10]:

a. Planteamiento del problema:

- Reconocimiento de los hechos.
- Descubrimiento del problema.
- Formulación del problema.

---

[9] BUNGE, Mario, *La ciencia, su método y su filosofía*, Siglo XXI, Buenos Aires, 1990, p. 12.
[10] *Ibíd.*, p. 63.

b. Construcción del modelo teórico:

- Selección de los factores pertinentes.
- Planteamiento de la hipótesis central.
- Operacionalización de los indicadores de las variables.

c. Deducciones de consecuencias particulares:

- Búsqueda de soportes racionales.
- Búsqueda de soportes empíricos.

d. Aplicación de la prueba:

- Diseño de la prueba.
- Aplicación de la prueba.
- Recopilación de datos.
- Inferencia de conclusiones.

e. Introducción de las conclusiones en la teoría:

- Confrontación de las conclusiones con las predicciones.
- Reajuste del modelo.
- Sugerencias para trabajos posteriores.

6.4.1.2. Método de investigación de Arias Galicia

El esquema general de investigación de Arias Galicia es el siguiente[11]:

Primera etapa: planteamiento del problema:

• ¿Qué se necesita saber?

Segunda etapa: planeación:

• ¿Qué recursos se requieren?
• ¿Qué actividades deben desarrollarse?

---

[11] ARIAS GALICIA, Fernando, *Introducción a la metodología de la investigación en ciencias de la administración y del comportamiento*, Trillas, México, 1991.

Tercera etapa: recopilación de la información:

* ¿Cómo se obtienen los datos?
* ¿Con qué?

Cuarta etapa: procesamiento de datos.

Quinta etapa: explicación e interpretación.

Sexta etapa: comunicación de resultados y solución de un problema.

6.4.1.3. Método científico de Roberto Hernández, Carlos Fernández y Pilar Batista

El método general de investigación científico de Hernández, Fernández y Batista desarrolla el siguiente esquema[11]:

Paso 1. Concebir la idea de investigación.

Paso 2. Plantear el problema de investigación:
* Establecer objetivos de investigación.
* Desarrollar las preguntas de investigación.
* Justificar la investigación y su viabilidad.

Paso 3. Elaborar el marco teórico:
* Revisar la literatura.
* Detectar la literatura.
* Obtener la literatura
* Consultar la literatura.
* Extraer y recopilar la información de interés.
* Construir el marco teórico.

Paso 4. Definir si la investigación es exploratoria, descriptiva, correlacional o explicativa y hasta qué nivel llegará.

Paso 5. Establecer la hipótesis:

---

[12] HERNÁNDEZ SAMPIERI y colaboradores, *Metodología de la investigación*, McGraw-Hill, Bogotá, 1998, p. XXIII.

- Detectar las variables.
- Definir conceptualmente las variables.
- Definir operacionalmente las variables.

Paso 6.   Seleccionar el diseño apropiado de investigación (diseño experimental, preexperimental o cuasi experimental o no experimental).

Paso 7.   Determinar la población y la muestra:
- Seleccionar la muestra.
- Determinar el universo.
- Estimar la muestra.

Paso 8.   Recolección de datos:
- Elaborar el instrumento de medición y aplicarlo.
- Determinar la validez y confiabilidad del instrumento de medición.
- Codificar los datos.
- Crear un archivo o base de datos.

Paso 9.   Analizar los datos:
- Seleccionar las pruebas estadísticas.
- Elaborar el problema de análisis.
- Realizar los análisis.

Paso 10. Presentar los resultados:
- Elaborar el informe de investigación.
- Presentar el informe de investigación.

Los tres modelos del método de investigación aquí presentados son guías que pueden usarse por cualquier persona interesada en elaborar o realizar un proyecto de investigación.

PREGUNTAS DE REPASO Y ANÁLISIS

1. ¿Por qué en investigación científica es necesario hablar de métodos y no del método del proceso de investigación científica?

2. Comente las diferencias y semejanzas entre los tres siguientes métodos de investigación científica:

   a. Método de investigación acción participativa.
   b. Método de investigación etnográfica.
   c. Método general de investigación científica.

3. Comente las diferencias y semejanzas entre los métodos de investigación de Mario Bunge, Fernando Arias Galicia y Hernández, Fernández y Batista.

4. Mediante ejemplos aplicados al campo de las ciencias económicas y administrativas, explique cómo sería una investigación que siguiera el modelo circular del proceso de investigación científica.

5. Mediante ejemplos en el campo de las ciencias económicas o administrativas, ilustre la aplicación del método de la investigación acción participativa en las organizaciones.

Capítulo 7

ETAPAS DEL PROCESO DE INVESTIGACIÓN CIENTÍFICA

Puesto que existen métodos para realizar una investigación científica, en este capítulo se analizarán los componentes del proceso general de investigación, entendido éste como un sistema integral, en el que los componentes interactúan entre sí y con el proceso total.

Ahora, respecto a los componentes o elementos que conforman el proceso de investigación, en su libro *Los elementos de la investigación*, Hugo Cerda[1] considera que, al analizar cuáles son los componentes básicos de un proceso de investigación, existen numerosas alternativas, propuestas y sugerencias de los investigadores. Sin embargo, según este autor, en todas las propuestas hay puntos de coincidencia, entre los que pueden mencionarse los siguientes como los componentes básicos del proceso de investigación científica:

1. La selección del tema.

2. El problema de la investigación.

3. Los objetivos generales y específicos.

4. El marco teórico.

5. Los recursos humanos, institucionales, técnicos y económicos.

6. La caracterización y delimitación de la población.

7. La selección de los métodos, técnicas e instrumentos de investigación.

8. La fuente de datos.

9. Trabajo de campo y trabajo de gabinete.

10. La tabulación, análisis e interpretación de datos.

La gráfica 2 ilustra el proceso de investigación propuesto en este libro, que es el resultado de la discusión presentada en los capítulos anteriores,

---

[1] CERDA, Hugo, *Los elementos de la investigación*, El Búho, Bogotá, 1998.

el planteamiento de Cerda y la experiencia del autor en los cursos de metodología de la investigación.

La misma gráfica muestra que el proceso de investigación es un sistema que va desarrollándose en una especie de etapas, donde la siguiente afecta a la anterior, pero a la vez da origen a otra. En cada etapa se desarrolla un componente, aunque no todos ellos siguen una secuencia de etapas. Por ejemplo, el marco de referencia se desarrolla desde el inicio hasta el final de la investigación, mientras que otros componentes (los objetivos y las hipótesis) se definen en un determinado momento, a pesar de que pueden modificarse durante la investigación; en el caso de la población objeto de estudio, ésta debe definirse antes de iniciar la fase de recolección de la información.

A continuación se describen los componentes sugeridos en este libro para el desarrollo de un proceso de investigación científica; cada uno comienza con una fundamentación teórica básica; se desarrollan algunos ejemplos que ilustran el tema, y se finaliza con algunas preguntas de repaso y análisis.

COMPONENTES DEL PROCESO DE INVESTIGACIÓN CIENTÍFICA

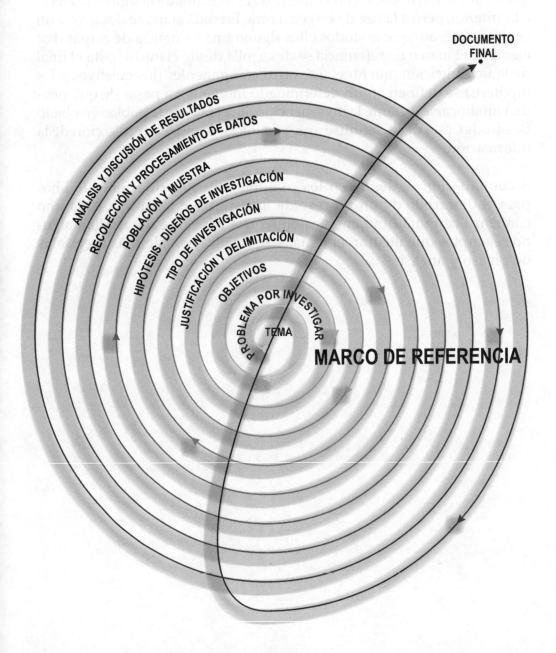

Gráfica 2

1

TEMA DE INVESTIGACIÓN

7.1. TENER INTERÉS POR UN TEMA DE INVESTIGACIÓN

Todo proceso de investigación científica debe comenzar con el interés por un tema de investigación. Pero, ¿de dónde surge el tema, qué características debe cumplir para ser considerado un tema de investigación y quiénes lo consideran como tal? Éstos son los interrogantes que se responden a continuación.

7.1.1. Búsqueda de posibles temas de investigación

Los temas de investigación surgen de diversas formas, y para descubrirlos se necesita interés por la investigación y una actitud dinámica y reflexiva respecto a los diferentes conocimientos existentes en cada profesión.

Entre las distintas formas generadoras de temas de investigación pueden mencionarse las siguientes:

- **La lectura reflexiva y crítica** de libros, revistas especializadas y demás documentos que plantean reflexiones sobre la respectiva disciplina o que, siendo de otra, aportan a la propia disciplina de interés. Por ejemplo, las revistas especializadas de psicología pueden plantear reflexiones sobre un tema específico que puede ser trasferido a disciplinas como la administración y la economía.

- **La participación activa** en conferencias, congresos, discusiones y demás formas de exposición y reflexión de temas. Es usual que en estos eventos académicos los expositores y otras personas del público planteen reflexiones que pueden convertirse en temas objeto de investigación.

- **La experiencia individual**. Cada persona, sin proponérselo, tropieza muchas veces con interrogantes acerca de su disciplina en particular o sobre el quehacer de la ciencia en general, que bien pueden ser temas de investigación.

- **La práctica profesional**. Es un excelente espacio para generar temas de investigación, si se es un profesional crítico y con deseos de aportar a la disciplina propia.

- **El aula de clase**. Independientemente del método pedagógico que se utilice en el aula de clase, si el alumno es activo y reflexivo, se encontrará con muchísimos interrogantes que bien formulados pueden ser temas de investigación.

- **Los centros de investigación**. Muchas universidades tienen centros de investigación donde se busca generar y desarrollar líneas de investigación en su respectiva disciplina.

- **Instituciones interesadas en la investigación**. Muchas instituciones desean desarrollar proyectos de investigación tendientes a resolver problemas de su competencia. Es muy importante estar atentos a estas instituciones, porque, a la vez que tienen definidos los temas de interés para la investigación, aportan recursos financieros, humanos y técnicos, y son un excelente medio para aprender a investigar con el apoyo de expertos.

- **Los profesores**. Algunos docentes están interesados en investigar un tema determinado y requieren apoyo de alumnos para desarrollarlo.

En general, existe una gran diversidad de medios para la generación de ideas y desarrollar propuestas de investigación; una vez conocidos éstos, resulta fácil obtener temas para la realización de un trabajo de grado.

7.1.2. Criterios para considerar una idea como tema de investigación científica

No existen *criterios únicos* para considerar una idea como fuente de investigación. Sin embargo, a continuación se plantean algunos criterios que deben tenerse en cuenta:

- La idea es *novedosa* en esencia porque el tema no se ha tratado o lo ha sido muy poco, cuando se propone una nueva forma de abordar un problema o situación.

- Es una idea que busca *contrastar resultados* de investigación anteriores en otros contextos.

- Una determinada situación merece ser estudiada por los argumentos que se exponen sobre la *necesidad* y la importancia de tratar el tema.

- La idea contribuye a *resolver* un problema específico.

- La idea es *concreta y pertinente*. Esto es muy importante porque en muchas ocasiones se proponen ideas demasiado generales que además no son pertinentes para determinado campo y disciplina del saber (por ejemplo, los componentes de la contaminación ambiental es un tema general y, para el caso de las ciencias económico-administrativas, es un tema difícil de abordar, porque si lo que se desea estudiar son los componentes químicos, el estudiante no tendrá formación para ello; otro ejemplo: conocer el proceso de aprendizaje de los directivos en el ejercicio de su papel gerencial, si bien es un tema específico, no es un tema para administradores ni economistas, y sí para sicólogos, pedagogos o sicopedagogos).

- La idea responde a los *lineamientos de investigación* de la institución académica en donde va a realizarse la investigación.

En fin, son variados los criterios para dar categoría de tema de investigación a una idea, pero éstos son los más usados.

7.1.3. Medios para categorizar una idea como tema de investigación

En el caso de proyectos de investigación para trabajos de grado, pueden resumirse en tres los medios para categorizar una idea como tema de investigación:

- **La lectura sobre el tema** al cual se refiere la idea. Cuando surge una idea, es básico sondear qué se ha escrito sobre el tema y su importancia en el momento actual. A partir de esta información, puede tenerse un concepto sobre la pertinencia o no de estudiar el tema.

- **Expertos en el tema**. En los distintos campos del conocimiento, existen personas que saben del tema y pueden orientar sobre su pertinencia y sugerir ajustes o cambios o, en muchos casos, descartar el tema (porque ya ha sido trabajado, es muy vaga la idea, no pertenece al área de estudio, etcétera).

- **Coordinadores del área de trabajo de grado o centros de investigaciones**. Los coordinadores de investigación están actualizados en temas de estudio en su respectiva disciplina, cuentan con acceso a información relacionada en otras instituciones y tienen como misión guiar a los interesados en investigación y por tanto apoyarlos para definir sus temas de investigación.

7.1.4. Título del tema que va a investigarse

Definida la idea o tema de interés para la investigación, es necesario condensarlo (sintetizarlo) en una frase que exprese la esencia de la idea o tema que va a investigarse, que es la que se denomina *título* del estudio o proyecto de investigación.

En el caso de los trabajos de grado (no sucede lo mismo con un libro), el título debe ser general, en cuanto recoge la esencia del tema que va a tratarse, pero, específico, en cuanto debe referirse al problema objeto de investigación (*véase* paso 2).

El título debe demostrar el tema y en particular el problema que va a investigarse, que igualmente debe reflejarse en todo el proceso del desarrollo del estudio; por tanto, no es aconsejable poner títulos generales sino más bien específicos, como se muestra en los ejemplos que se presentan a continuación.

Además, el título puede modificarse durante el desarrollo de la investigación.

Ejemplos de títulos de un trabajo de investigación

- Si el interés es conocer el estado actual de la industria en un país, pero sólo podrá obtenerse información en empresas del sector financiero, localizadas en cierta ciudad, entonces, el título podría ser: *Análisis de la situación actual de las empresas del sector financiero localizadas en Anacin.*

- Si el interés es estudiar la motivación en las empresas nacionales, el título de un trabajo de grado podría ser: *La motivación de personal en el sector hotelero de Calama.*

- Si el interés es estudiar la contaminación ambiental causada por las empresas nacionales, el título de un trabajo de grado podría ser: *El manejo ambiental por parte de las empresas del sector de las artes gráficas.*

- Si el interés es estudiar estrategias de mercadeo, el título de un trabajo de grado podría ser: *Estrategias de mercadeo de las empresas nacionales frente a las utilizadas por las empresas extranjeras establecidas en el país.*

- Si el interés es estudiar el impacto de la tasa de cambio en las tasas de interés, el título podría ser: *Estudio evaluativo del impacto de la tasa de cambio en las tasas de interés durante los dos últimos años.*

- Si el interés es analizar el problema de desempleo en su país, un título de proyecto de investigación podría ser: *Análisis del desempleo en TAQUIA, durante los últimos diez años.*

- Si el interés es estudiar el manejo de la política monetaria durante un determinado período en su país, el título de un trabajo de grado podría ser: *Análisis del impacto de la política monetaria del gobierno X en la actividad económica del país durante el período 1995-2000.*

- Si el interés es estudiar la inversión extranjera en su país, el título para un proyecto de investigación podría ser: *Incidencia de la inversión extranjera en el desarrollo industrial del país durante los últimos diez años.*

- Si el interés es estudiar el problema de la pobreza en su país o región, el título para una propuesta de investigación podría ser: *Análisis de las causas y consecuencias de la pobreza en —————— durante el período 1990 -2000.*

Finalmente, veamos algunos ejemplos de títulos de posibles proyectos de investigación en áreas relacionadas con la economía y la administración como la contaduría y la ingeniería industrial, áreas en las cuales también puede ser útil este libro.

- Si el interés es estudiar la ética de los profesionales de la contaduría pública, un título para un trabajo de grado podría ser: *Análisis de la actitud ética de los profesionales de la contaduría pública en el desarrollo de su profesión.*

- Si el interés es estudiar la función de la información contable en la administración de las organizaciones, el título para una posible investigación podría ser: *Importancia de la información contable en la administración efectiva de las organizaciones.*

- Si el interés es estudiar el costeo por actividades, el título de un proyecto de investigación podría ser: *Ventajas del sistema de costeo basado en actividades respecto al sistema de costeo tradicional.*

- En el caso del campo de la ingeniería industrial, si el interés es estudiar la aplicación de la tecnología a los procesos productivos, un título para una propuesta de investigación podría ser: *Aplicaciones tecnológicas sistematizadas en el manejo de la producción en las empresas del sector manufacturero en la ciudad QLMT.*

- Si el interés es estudiar la producción limpia en las empresas, un título de un proyecto de investigación podría ser: *Diseño de un modelo de producción limpia para las empresas del sector de las artes gráficas.*

- Si el interés es estudiar el tema de la calidad, un posible título para investigación podría ser: *Análisis de los programas de calidad en el contexto de las empresas del sector manufacturero en QLMT.*

PREGUNTAS DE REPASO Y ANÁLISIS

1. ¿Por qué es importante tener ideas o temas de investigación?

2. Elabore una lista de temas que considere que ya han sido objeto de investigación en el campo de las ciencias económicas y administrativas.

3. Haga una lista de temas sobre los cuales le interesaría profundizar o investigar en su campo o profesión.

4. Con base en la lista de temas del punto 3, referencie los libros, capítulos, artículos, conferencias que ha leído sobre cada tema.

5. Con base en la lista de temas del punto 3, referencie las consultas que ha hecho con expertos en el respectivo tema y exponga una idea general para cada tema, consultando la opinión del experto.

6. Con base en la lista de temas del punto 3, explique la importancia de cada tema objeto de investigación.

7. En grupo, analicen la lista de temas de investigación del punto 3 en cuanto a claridad, pertinencia, especificidad.

8. En grupo, elaboren otra lista de temas de investigación que complemente la lista del punto 3.

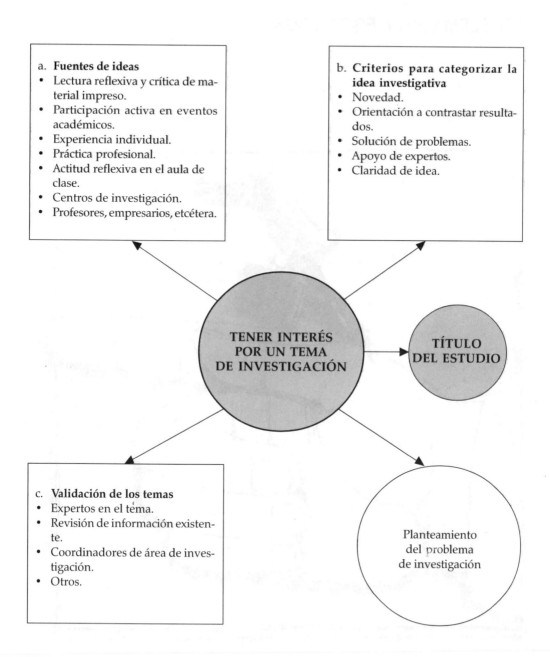

a. **Fuentes de ideas**
- Lectura reflexiva y crítica de material impreso.
- Participación activa en eventos académicos.
- Experiencia individual.
- Práctica profesional.
- Actitud reflexiva en el aula de clase.
- Centros de investigación.
- Profesores, empresarios, etcétera.

b. **Criterios para categorizar la idea investigativa**
- Novedad.
- Orientación a contrastar resultados.
- Solución de problemas.
- Apoyo de expertos.
- Claridad de idea.

c. **Validación de los temas**
- Expertos en el tema.
- Revisión de información existente.
- Coordinadores de área de investigación.
- Otros.

TENER INTERÉS POR UN TEMA DE INVESTIGACIÓN

TÍTULO DEL ESTUDIO

Planteamiento del problema de investigación

Gráfica 3

2

PROBLEMA DE INVESTIGACIÓN

Ya tengo tema de investigación; ahora, ¿cuál es el problema objeto de mi investigación?

ESTE ES EL SEGUNDO ASPECTO POR DESARROLLAR
EN EL PROCESO DE INVESTIGACIÓN CIENTÍFICA.

7.2. PLANTEAR EL PROBLEMA DE LA INVESTIGACIÓN

Para que una idea sea objeto de investigación, debe convertirse en *problema de investigación*. Ahora, en investigación, problema es todo aquello que se convierte en objeto de reflexión y sobre el cual se percibe la necesidad de conocer y, por tanto, de estudiar.

En este sentido, problema no es algo disfuncional, molesto o negativo, sino todo aquello que incite a ser conocido, pero teniendo en cuenta que su solución sea útil, una respuesta que resuelve algo práctico o teórico. Por esto, a este modelo de investigación, además de ser conocido como modelo general, también suele denominársele *modelo pragmático*.

7.2.1. Plantear el problema de investigación

Plantear el problema de investigación significa:

a. enunciar el problema y

b. formular el problema.

7.2.1.1. Enunciar el problema

Enunciar un problema de investigación consiste en presentar, mostrar y exponer las características o rasgos del tema, situación o aspecto de interés que va a estudiarse; describir el estado actual de la situación problema.

En general, enunciar un problema es contar lo que está pasando en relación con una situación, con una persona o con una institución; es narrar los hechos que caracterizan esa situación, mostrando las implicaciones que tiene y sus soluciones.

Si se tiene interés en conocer la influencia de las medidas económicas del gobierno en la actividad empresarial, enunciar el problema consiste en contar o narrar en qué consisten las medidas económicas; mostrar qué llevó al gobierno a tomarlas, mencionar la actitud de los empresarios al respecto y la opinión de los expertos en el tema.

En síntesis, enunciar un problema es presentar una *descripción* general de la situación objeto de investigación.

Un ejemplo resumido del planteamiento del problema puede ser:

"Las medidas económicas adoptadas por el gobierno colombiano durante los últimos cuatro años han perjudicado la actividad empresarial, debido a que las altas tasas de interés (48% anual) representan un alto costo para la inversión, lo que ha llevado a que muchas empresas quiebren y, por tanto, se genere desempleo, decrecimiento económico y caos financiero".

7.2.1.2. Formular el problema

Un problema se *formula* cuando el investigador dictamina o hace una especie de *pronóstico* sobre la situación problema. En lugar de hacerlo con afirmaciones, este pronóstico se plantea mediante la formulación de preguntas orientadas a dar respuesta de solución al problema de la investigación[2].

Una adecuada formulación de un problema de investigación implica elaborar dos niveles de preguntas. La pregunta general debe recoger la esencia del problema y, por tanto, el título del estudio. Las preguntas específicas están orientadas a interrogar sobre aspectos concretos del problema y no al problema en su totalidad, pero que en su conjunto conforman la totalidad (las preguntas específicas son subpreguntas de la pregunta general).

En relación con el ejemplo del problema de las medidas económicas del gobierno, una pregunta general podría ser: "¿Cómo afectan las medidas económicas del gobierno la actividad empresarial?". Y las preguntas específicas podrían ser:

- ¿Afectan las políticas económicas del gobierno toda la actividad empresarial?
- ¿A cuáles sectores de la economía afectan más?
- ¿Qué piensan los directivos empresariales de tales medidas económicas?
- ¿Cómo se reflejan las medidas económicas del gobierno en la dinámica empresarial?

Los siguientes son algunos ejemplos del planteamiento del problema de investigación en un proyecto de investigación:

---

[2]   MÉNDEZ, Carlos A., *Metodología, guía para elaborar diseños de investigación en ciencias económicas contables y administrativas*, McGraw-Hill, Bogotá, 1995, p. 66.

Ejemplo 1

En el caso de una investigación sobre creatividad en las empresas nacionales, cuyo título podría ser *La industria manufacturera nacional frente a la innovación y la creatividad*, el planteamiento del problema podría ser el siguiente:

Planteamiento del problema

• Enunciado del problema

En un mundo caracterizado por rápidos y complejos cambios, a los directivos empresariales cada vez se les plantean problemas más difíciles que afectan no sólo su organización sino que tienen impacto en el conjunto de la sociedad.

Por esto, cada vez tendrán mayor necesidad de enfrentar las situaciones de un modo creativo e innovador. Sin embargo, estudios recientes sobre el manejo de la creatividad y la innovación en las organizaciones empresariales revelan que en realidad el camino por recorrer es muy largo.

Investigadores como Sternberg y Lubar, y Kuczmarski, en sus estudios sobre creatividad en las organizaciones, concluyen que la mayoría de los gerentes de alto nivel se atemorizan ante las personas creativas e innovadoras, pues las consideran incómodas y raras, y se niegan a abrazar lo novedoso y diferente, cuando desaniman y no premian el pensamiento innovador de sus empleados.

En general, pese a no reconocerlo, los directivos de las empresas nacionales entorpecen o no propician la creatividad, lo que los pone en desventaja para asumir los retos del nuevo milenio.

La sociedad actual necesita directivos capaces de asumir un verdadero compromiso con sus trabajadores, más que desempeñar funciones preestablecidas, que sean innovadores y comprometidos con su propio desarrollo y el de la sociedad.

• Formulación del problema

- ¿Tienen los empresarios nacionales de la industria manufacturera una actitud congruente entre lo que piensan y lo que hacen respecto a las personas creativas en sus empresas? (Formulación de una pregunta de investigación general).

- ¿Tienen los empresarios nacionales actitudes positivas frente a las personas creativas? (Pregunta específica).
- ¿Estimulan y promueven los empresarios nacionales la creatividad? (Pregunta específica).

Ejemplo 2

Un segundo ejemplo de planteamiento de un problema de investigación podría ser el que se describe a continuación y que tiene que ver con los *Nuevos retos que enfrentan las empresas como consecuencia del nuevo paradigma mundial de la globalización y la competitividad.*

Planteamiento del problema

- Enunciado del problema

  Reconocidos investigadores en el ámbito de los negocios y de la economía, como Kenich Ohmae, Peter F. Drucker, Patricia Aburdene, John Naisbitt, Jack Nadel y Michael E. Porter, han analizado los cambios económicos del mundo, la naturaleza de los negocios y la necesidad de tener un nuevo paradigma, un nuevo enfoque y una nueva manera de pensar para interpretar y abordar la nueva realidad.

  El planeta Tierra parece haberse convertido en una pequeña aldea; el avance de la globalización es una realidad; los individuos ya no son ciudadanos de una nación sino ciudadanos del mundo; los sistemas de comunicación vía satélite, la telefonía celular, las autopistas de información vía internet, la fibra óptica y los ordenadores están revolucionando los procesos de conocimiento.

  En el mundo de la política se están rompiendo los paradigmas básicos; las estructuras de poder ligadas a grandes organizaciones sociales como partidos políticos y sindicatos dejan paso ahora a los candidatos libres; ya la fuerza no está en los partidos políticos, ahora está en las personas, en sus características humanas, individuales, personales.

Cambian los estilos de vida, se da una trasformación total de los sistemas educativos del mundo, la calidad de la educación se caracterizará por un sistema de competencias individuales y por su infraestructura orientada hacia la investigación.

Se está en los albores de la era de la creatividad, la era del conocimiento. Los países que tengan los mejores científicos, universidades, centros de investigación y centros de alta tecnología serán los que dominarán el mundo.

En el siglo XXI se dará un salto cualitativo en cuanto al aprovechamiento de las energías eólica y solar y habrá cada vez mayor posibilidad de integración armónica al entorno, con formas energéticas menos agresivas para el medio biológico y para la biosfera.

Los negocios están enfrentando una paradoja, pues tienen oportunidades nunca vistas para aprovechar los nuevos mercados, pero éstos cambian de manera sustancial, reduciéndose o haciéndose intensamente competitivos. La apertura de los mercados mundiales generará una reestructuración en cada sector de los negocios, orientados a garantizar las siguientes estrategias: rapidez, bajo margen de ganancia por unidad, calidad en los productos y servicio, diversidad de productos, descuentos, comodidad e innovación[3].

- Formulación del problema

Frente a esta nueva realidad, ¿cómo deben prepararse las empresas nacionales y sus gerentes si quieren desenvolverse competitivamente? (Pregunta general).

- ¿Cómo favorece el gobierno la competitividad de las empresas nacionales?
- ¿Cuál es la actitud de los gremios ante los retos que impone el nuevo milenio?
- ¿Qué están haciendo las universidades para contribuir a la competitividad de las empresas?
- ¿Qué están haciendo los empresarios para responder al nuevo ambiente de competitividad?

---

[3] TUCKER, Robert, *Cómo administrar el futuro,* Grijalbo, Bogotá, 1995, p. 13.

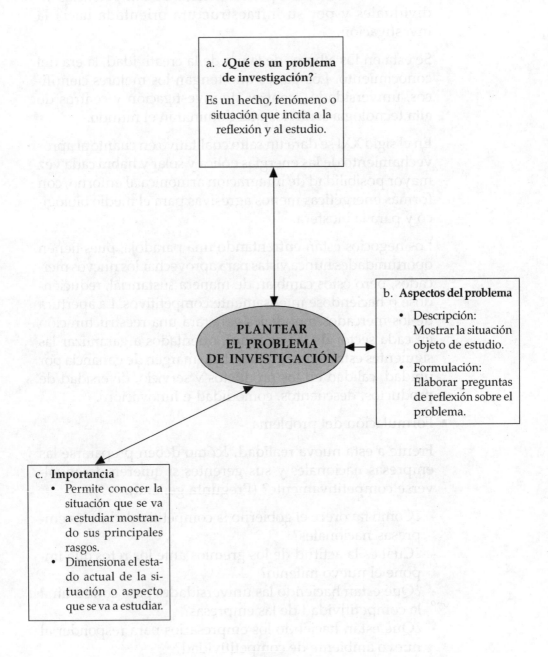

a. **¿Qué es un problema de investigación?**

Es un hecho, fenómeno o situación que incita a la reflexión y al estudio.

PLANTEAR EL PROBLEMA DE INVESTIGACIÓN

b. **Aspectos del problema**

- Descripción: Mostrar la situación objeto de estudio.
- Formulación: Elaborar preguntas de reflexión sobre el problema.

c. **Importancia**
- Permite conocer la situación que se va a estudiar mostrando sus principales rasgos.
- Dimensiona el estado actual de la situación o aspecto que se va a estudiar.

Gráfica 4

PREGUNTAS DE REPASO Y ANÁLISIS

1. Explique en qué consiste plantear un problema de investigación.

2. Redacte ejemplos de planteamiento de un problema en los que se muestren el enunciado y la formulación del mismo para varios temas de investigación en el campo de las ciencias económicas o administrativas.

3. Suponga que va a adelantar una investigación orientada a analizar el sector automotor del país. Para este tema, elabore el planteamiento del problema que va a estudiar (consulte por lo menos tres fuentes de información).

4. Suponga que va a adelantar una investigación tendiente a evaluar la competitividad del sector de las pequeñas y medianas empresas del país. Elabore el planteamiento del problema para este tema de investigación (consulte por lo menos tres fuentes de información).

5. Consulte revistas o libros especializados que publiquen temas de investigación e identifique los problemas de investigación allí planteados.

6. En grupo, expongan y discutan los puntos 1, 2, 3, 4 y 5:

   a. Evalúen si los ejemplos describen las situaciones objeto de estudio.

   b. Establezcan si la problemática descrita es amplia, clara, pertinente y es un buen diagnóstico de la situación.

3

OBJETIVOS DE LA INVESTIGACIÓN

Ya conozco la problemática que voy a investigar y ya he formulado preguntas de investigación.

Ahora, ¿qué me propongo lograr o desarrollar en la investigación?

ESTE ES EL SIGUIENTE ASPECTO POR DEFINIR EN EL PROCESO DE INVESTIGACIÓN CIENTÍFICA.

7.3 ESTABLECER LOS OBJETIVOS DE LA INVESTIGACIÓN

Un aspecto definitivo en todo proceso de investigación es la definición de los objetivos o del rumbo que debe tomar la investigación que va a realizarse. Así, los objetivos son los propósitos del estudio, expresan el fin que pretende alcanzarse y, por tanto, todo el desarrollo del trabajo de investigación se orientará a lograr estos objetivos. Éstos deben ser claros y precisos para evitar confusiones o desviaciones; sin embargo, esto no implica que los objetivos no puedan cambiarse durante la realización de la investigación, porque en algunos casos es necesario hacerlo.

Ahora, dado que todo objetivo implica la acción que se desea lograr, entonces, es importante tener en cuenta que al redactar los objetivos de la investigación deben utilizarse verbos en infinitivo.

No es necesario escribir preámbulos al momento de redactar los objetivos; incluso se recomienda expresar directamente el objetivo. (Por ejemplo, si un objetivo es "hacer un análisis de la situación actual del sector de las artes gráficas en la ciudad de ...", no es necesario agregar frases previas al objetivo como, "debido a que las empresas del sector de las artes gráficas están atravesando una situación económica difícil, en este estudio se pretende hacer un análisis ...").

Otro aspecto muy importante al momento de plantear los objetivos de la investigación es utilizar verbos que puedan lograrse o alcanzarse durante el desarrollo de la investigación.

Los verbos pueden ser:

Determinar	Verificar	Definir
Identificar	Diseñar	Conocer
Evaluar	Elaborar	Estudiar
Describir	Proponer	Plantear
Formular	Analizar	Corroborar

El uso de verbos como capacitar, cambiar, motivar, enseñar, mejorar y muchos otros que implican acciones finales debe ser prudente, porque estas acciones casi nunca se logran durante el desarrollo de la investigación, debido a que implican tiempo y recursos y, muchas veces, la necesidad de tomar decisiones para desarrollar el objetivo propuesto.

Ojalá todos los objetivos propuestos en un estudio pudieran llevarse a la práctica, con lo cual se contribuiría a solucionar verdaderos problemas. Sin embargo, el hecho de que no se apliquen no debe ser motivo de frustraciones, porque a nivel de pregrado el solo hecho de realizar el ejercicio teórico de la investigación es ya un gran avance, y en el caso de la maestría lo importante es la reflexión académica y fundamentada que puede hacerse sobre el quehacer investigativo y la actitud que al respecto pueda crearse.

A continuación se dan algunos ejemplos que permiten mostrar las limitaciones para lograr algunos objetivos:

Ejemplo 1

Si un estudiante en uno de sus objetivos se propone:

"Mejorar las condiciones ambientales de las empresas para generar un mejor entorno laboral", este objetivo implica que es necesario realizar un diagnóstico de las condiciones ambientales actuales en las empresas, identificar dónde es necesario mejorar, proponer las estrategias para el mejoramiento de las condiciones ambientales y poner en marcha tales estrategias hasta producir el cambio o mejora.

Esta última parte, que considera implementar las estrategias, casi nunca la hace el estudiante, él sólo busca proponer estrategias para mejorar y hasta ahí llega su trabajo.

Ejemplo 2

El estudiante puede plantearse el siguiente objetivo:

"Disminuir el desempleo profesional en la ciudad de ...".

Este es otro ejemplo de objetivo poco realizable durante el desarrollo de un trabajo de grado. Posiblemente el estudiante logre plantear un modelo que formule estrategias para disminuir el desempleo, pero ello no significa disminuirlo.

Para esto se requiere desarrollar un programa que implica tiempo y recursos, y el estudiante usualmente no llega a esta etapa en su trabajo de grado.

7.3.1. Objetivos: general y específicos

En toda investigación es necesario plantear dos niveles en los objetivos: el general y el específico.

El objetivo general debe reflejar la esencia del planteamiento del problema y la idea expresada en el título del proyecto de investigación.

Los objetivos específicos se desprenden del general y deben ser formulados de forma que estén orientados al logro del objetivo general, es decir, que cada objetivo específico está diseñado para lograr un aspecto de aquél, y todos en su conjunto, la totalidad del objetivo general. Los objetivos específicos son los pasos que se realizan para lograr el objetivo general. Los siguientes son ejemplos de objetivos de investigación:

Ejemplo 1

Título de la investigación: "Actitud de los directivos nacionales respecto a la innovación y la creatividad en sus empresas".

Objetivos de la investigación

- **Objetivo general**

  Analizar la actitud de los directivos nacionales de la industria manufacturera respecto a la innovación y creatividad en sus organizaciones.

- *Objetivos específicos*

  1. Elaborar un marco teórico sobre la actitud de los directivos de empresas respecto a la innovación y creatividad en las organizaciones productivas.

  2. Diseñar un instrumento de medición de aptitudes con sus respectivas pruebas de validez y confiabilidad para aplicarlo a la población seleccionada.

  3. Identificar la actitud de los gerentes de las 100 empresas más grandes del país respecto a la innovación y la creatividad en ellas.

  4. Analizar los resultados obtenidos según subsector y demás variables sociodemográficas de las empresas estudiadas.

Ejemplo 2

Titulo de la investigación: "Capacidad de adaptación de las empresas a los nuevos retos de competitividad y globalización".

Objetivos de la investigación

- **Objetivo general**

  Analizar la forma como están preparándose las empresas nacionales para afrontar los retos de la competitividad y los demás cambios que caracterizan el nuevo ambiente de los negocios.

- *Objetivos específicos*

  1. Describir los retos que deben afrontar los negocios en el paradigma de la competitividad y la globalización.

  2. Identificar las acciones que está realizando el gobierno para apoyar a las organizaciones ante los nuevos retos de la competitividad.

  3. Conocer las acciones que han emprendido las organizaciones para hacerlas competitivas en un escenario combatiente y globalizado.

  4. Evaluar qué papel desempeñan las instituciones universitarias en el proceso de preparación de organizaciones

empresariales para afrontar los retos de la nueva teoría económica y administrativa.

Ejemplo 3

Título de la investigación: "Impacto de las medidas económicas del gobierno en la actividad económica del país".

Objetivos de la investigación

- **Objetivo general**

  Evaluar el impacto de las medidas económicas del gobierno actual en la actividad empresarial.

- *Objetivos específicos*

  1. Describir las medidas económicas adoptadas por el gobierno en lo corrido de su mandato.

  2. Analizar el comportamiento de las tasas de interés, de la inflación y de las tasas de cambio durante el gobierno actual.

  3. Identificar la opinión de los empresarios respecto a las medidas económicas del gobierno actual.

  4. Identificar la opinión de los trabajadores sobre las medidas económicas del gobierno actual.

  5. Analizar indicadores como el desempleo y la inversión social y confrontarlas con la política económica del gobierno actual.

Ejemplo 4

Título de la investigación: "Análisis comparativo entre el sistema de costos basado en actividades y el sistema de costeo tradicional".

Objetivos de la investigación

- **Objetivo general**

  Hacer un análisis comparativo entre el sistema de costeo basado en actividades y el sistema de costeo tradicional.

• *Objetivos específicos*

1. Mostrar los fundamentos básicos del sistema de costeo basado en actividades y su diferencia con el sistema de costeo tradicional.

2. Evaluar las ventajas del sistema de costeo basado en actividades respecto al sistema de costeo tradicional.

3. Mostrar la importancia del costeo basado en actividades como herramienta de apoyo para la toma de decisiones gerenciales.

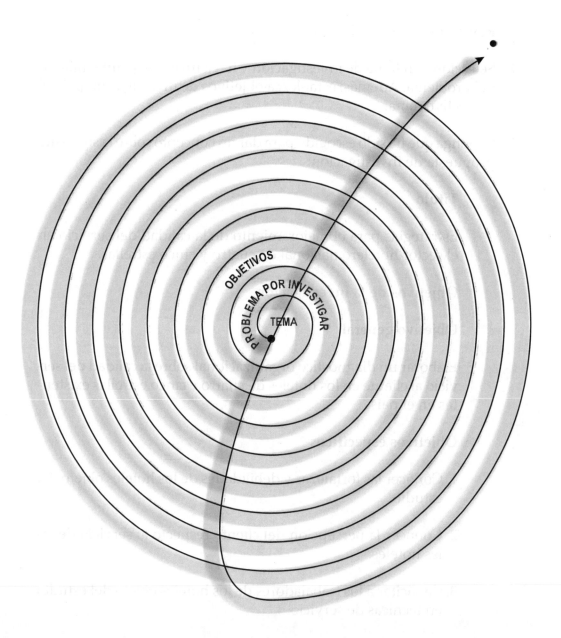

Gráfica 5

PREGUNTAS DE REPASO Y ANÁLISIS

1. ¿Por qué es importante establecer objetivos en una investigación?

2. ¿Cuáles son los dos niveles de objetivos que se plantean en toda investigación?

3. Revise los objetivos de alguna investigación ya publicada.

4. Seleccione un tema de investigación y haga un breve planteamiento del problema. Además, establezca objetivos de investigación para el respectivo tema.

5. Suponga que ha sido escogido para dar un concepto sobre la siguiente propuesta de investigación:

   ### Título

   Estrategias para el mejoramiento de la calidad del servicio en el sector hotelero nacional de cuatro y cinco estrellas.

   ### Objetivos de la investigación

   ### Objetivo general

   Elaborar un diagnóstico organizacional sobre la calidad del servicio al cliente en los hoteles de cuatro y cinco estrellas existentes en el país.

   ### Objetivos específicos

   1. Conocer las fortalezas y debilidades de los hoteles objeto del estudio.

   2. Conocer la percepción del cliente respecto al servicio de tales hoteles.

   3. Capacitar a los trabajadores de los hoteles objeto del estudio en técnicas de servicio.

   4. Promover el programa de servicio.

Usted debe conceptuar respecto a:

a. La pertinencia del tema en el campo de las ciencias económicas y administrativas.

b. La claridad del título de la investigación.

c. La correspondencia entre el título de la investigación y los objetivos de la misma.

d. La correspondencia entre el objetivo general y los objetivos específicos.

e. El grado de realismo para el logro o alcance de los objetivos.

En el caso de tener observaciones en cualquiera de los criterios anteriores, haga las recomendaciones necesarias. Suponga que usted es el asesor del estudio y haga las correcciones, conservando el título original.

6. Suponga que su tema de investigación es: "Importancia de los liderazgos masculino y femenino en la gerencia de las empresas del sector financiero del país".

Plantee los objetivos general y específicos para este tema.

7. Suponga que su tema de investigación es: "Análisis del desempleo profesional en la ciudad KIO, durante los últimos cinco años".

Para este caso plantee:

a. El problema de investigación.

b. Los objetivos general y específicos del estudio.

4

JUSTIFICACIÓN Y ALCANCE DE LA INVESTIGACIÓN

Como ya tengo claros los objetivos de mi investigación, ahora necesito justificar y delimitar la investigación.

Mi estudio es práctico, el de mi hermano fue teórico.

7.4. JUSTIFICAR Y DELIMITAR LA INVESTIGACIÓN

Toda investigación está orientada a la resolución de algún problema; por consiguiente, es necesario *justificar*, o exponer los motivos que merecen la investigación. Así mismo, debe determinarse su cubrimiento o dimensión para conocer su viabilidad.

7.4.1. Criterios de justificación

De acuerdo con Méndez, la justificación de una investigación puede ser de carácter teórico práctico o metodológico[4].

- **Justificación práctica**

   Se considera que una investigación tiene *justificación práctica* cuando su desarrollo ayuda a resolver un problema o, por lo menos, propone estrategias que de aplicarlas contribuirían a resolverlo.

   Los estudios de los trabajos de grado a nivel de pregrado y de posgrado, en el campo de las ciencias económicas y administrativas, en general son de carácter práctico. O bien describen o analizan un problema o bien plantean estrategias que podrían solucionar problemas reales si se llevaran a cabo.

   Cuando en un trabajo de grado se realiza un análisis económico de un sector de la producción, su justificación es práctica porque genera información que puede ser utilizada para tomar medidas tendientes a mejorar ese sector.

   Cuando un trabajo de grado se orienta a conocer los factores de motivación más utilizados en un determinado sector económico o empresa, su justificación es práctica, porque, al igual que en el caso del análisis del sector, la información sirve para actuar sobre la empresa, para mejorar o realizar *benchmarking* en otras organizaciones o para confrontar la teoría sobre el tema.

- **Justificación teórica**

   En investigación existe una *justificación teórica* cuando el propósito del estudio es generar reflexión y debate académico

---

[4] MÉNDEZ, Carlos E., *op. cit.*, p. 92.

sobre el conocimiento existente, confrontar una teoría, contrastar resultados o hacer epistemología del conocimiento existente.

En el caso de las ciencias económico-administrativas, un trabajo investigativo tiene justificación teórica cuando se cuestiona una teoría administrativa o económica (es decir, los principios que la soportan), su proceso de implantación o los resultados de la misma.

Cuando en una investigación se busca mostrar las soluciones de un modelo, está haciéndose una justificación teórica.

Si en una investigación se proponen nuevos paradigmas o se hace una reflexión epistemológica, se tiene una justificación eminentemente teórica, aunque al implementarla se vuelve práctica, ya que, como afirma López Cerezo, toda investigación en alguna medida tiene la doble implicación, teórica y práctica[5].

La justificación teórica es la base de los programas de doctorado y algunos programas de maestría en los que se tiene como objetivo la reflexión académica.

- **Justificación metodológica**

  En investigación científica, la *justificación metodológica* del estudio se da cuando el proyecto por realizar propone un nuevo método o una nueva estrategia para generar conocimiento válido y confiable.

7.4.2. Limitaciones del estudio o de la investigación

Una vez justificada la investigación, es necesario plantear las limitaciones dentro de las cuales ésta se realizará (no todos los estudios tienen las mismas limitaciones, cada investigación es particular).

Las limitaciones en un proyecto de investigación pueden referirse a:

---

[5] LÓPEZ CEREZO, José A., "Filosofía crítica de la ciencia", *Antropos*, No. 82-83, Barcelona, 1988.

Limitaciones de tiempo. Cuando una investigación está referida a un hecho, situación, fenómeno o población que van a ser estudiados durante un determinado periodo, sea retrospectivo o prospectivo, es necesario determinar cuál será el periodo dentro del cual se realizará el estudio. Ejemplo, si el interés es estudiar el comportamiento de un sector económico, o los indicadores económicos de un país, es indispensable definir durante qué periodo (años, meses, etcétera) se realizará tal análisis.

Limitaciones de espacio o territorio. Son aquellas demarcaciones referentes al espacio geográfico dentro del cual tendrá lugar una investigación. Las investigaciones pueden limitarse a una zona de una ciudad, a una ciudad, una región, un país, un continente, etcétera.

Limitaciones de recursos. Se refiere a la disponibilidad de recursos financieros básicamente para la realización de proyecto de investigación.

Además de estas limitaciones, en un proyecto de investigación puede haber limitaciones de información, población disponible para el estudio, dificultad de acceso a la misma, etcétera.

El investigador debe explicitar las limitaciones del proyecto con el propósito de facilitar su viabilidad.

Ejemplos

- Diagnóstico del sector de las flores en los últimos 12 años (1986-1998).

- Evaluación de la tasa de desempleo durante los últimos cuatro gobiernos.

- Identificar la estrategia de mercadeo más utilizada en el sector de los hipermercados en el decenio del 90.

Existen investigaciones que se circunscriben a una determinada región, y eso es lo que se conoce como limitaciones geográficas.

En general, puede hablarse de varias limitaciones según las características de la población o muestra sobre la cual recae el estudio. Estas características se detallarán cuando se haga referencia a la población y muestra objeto de estudio.

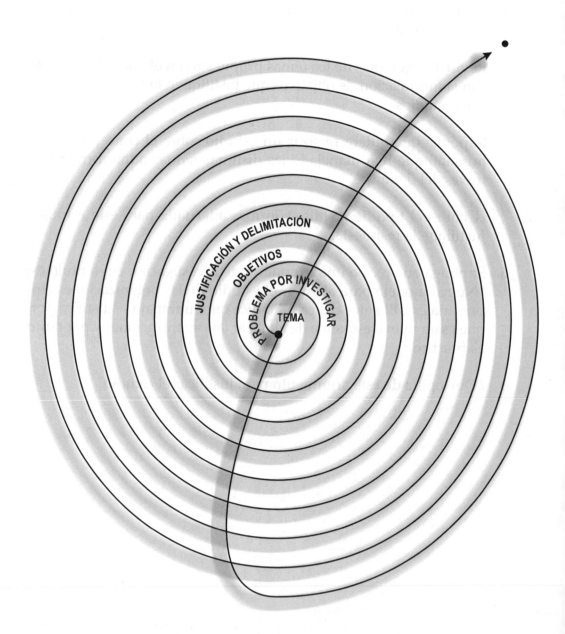

Gráfica 6

PREGUNTAS DE REPASO Y ANÁLISIS

1. ¿Qué significa justificar y delimitar una investigación?

2. Explique las distintas formas de justificar una investigación.

3. Seleccione un tema de investigación y justifique por qué debe realizarse el estudio.

4. Revise los ejemplos de los temas propuestos en el tema relacionado con la formulación de objetivos que justifiquen la realización de dichos estudios.

5. Suponga que quiere realizar un estudio sobre el concepto de ser humano que han manejado las distintas teorías administrativas a través del tiempo.

    ¿Cuál es el tipo de justificación más adecuada para este estudio? Justifique la respuesta.

6. Suponga que recibe una propuesta de investigación cuyo título es: "Nuevo modelo para abordar el estudio de las organizaciones empresariales". El autor del estudio dice que su trabajo se justifica porque es un nuevo esquema de analizar las organizaciones y por tanto es práctico.

    ¿Qué opina de este argumento para justificar el estudio?

5

TIPO DE INVESTIGACIÓN

Ya conozco los principales estudios sobre el tema; ahora necesito decidir qué tipo de investigación voy a realizar.

7.5. DEFINIR EL TIPO DE INVESTIGACIÓN

En la ciencia existen diferentes tipos de investigación y es necesario conocer sus características para saber cuál de ellos se acomoda mejor a la investigación que va a realizarse.

Aunque no hay acuerdo entre los distintos tratadistas sobre la clasificación de los tipos de investigación, para el presente libro los principales tipos de investigación son los siguientes:

- Investigación histórica.

- Investigación documental.

- Investigación descriptiva.

- Investigación correlacional.

- Investigación explicativa o causal.

- Estudio de caso.

- Otros tipos de investigación.

7.5.1. Investigación histórica

En general, y siguiendo a Salkind "la investigación histórica se orienta a estudiar los sucesos del pasado. Analiza la relación de dichos sucesos con otros eventos de la época y con sucesos presentes"[6]. En síntesis, se busca entender el pasado y su relación con el presente y el futuro.

Algunos ejemplos de investigación histórica en el campo de las ciencias económicas y administrativas pueden ser los siguientes:

- Análisis de la Revolución industrial y sus efectos sobre el desarrollo actual.

- Impacto de las experiencias administrativas de principios del siglo XX en las modernas teorías administrativas.

---

[6] SALKIND, Neil J., *Métodos de investigación*, Prentice-Hall, México, 1998. p. 12.

7.5.2. Investigación documental

La **investigación documental** consiste en un análisis de la información escrita sobre un determinado tema, con el propósito de establecer relaciones, diferencias, etapas, posturas o estado actual del conocimiento respecto al tema objeto de estudio.

Algunos ejemplos de investigación documental pueden ser:

- Análisis de la importancia que se otorga al medio ambiente en los modelos económicos de los países latinoamericanos.

- Análisis de los diferentes enfoques del estudio de liderazgo en el contexto de las organizaciones empresariales.

- Importancia del ser humano en el contexto de las organizaciones según las teorías generales de la administración.

7.5.3. Investigación descriptiva

Se considera como **investigación descriptiva** aquella en que, como afirma Salkind, "se reseñan las características o rasgos de la situación o fenómeno objeto de estudio"[7].

Para Cerda, "tradicionalmente se define la palabra 'describir' como el acto de representar, reproducir o figurar a personas, animales o cosas..."; y agrega: "Se deben describir aquellos aspectos más característicos distintivos y particulares de estas personas, situaciones o cosas, o sea, aquellas propiedades que las hacen reconocibles a los ojos de los demás"[8].

De acuerdo con este autor, una de las funciones principales de la investigación descriptiva es la capacidad para seleccionar las características fundamentales del objeto de estudio y su descripción detallada de las partes, categorías o clases de dicho objeto.

---

[7] SALKIND, Neil, *op. cit.*, p. 11.
[8] CERDA, Hugo, *op. cit.*, p. 71.

Los siguientes son algunos *ejemplos* de investigación descriptiva:

- La investigaciones orientadas a determinar las características de un sector económico de un país, seleccionando una muestra representativa de empresas del sector.

- Las investigaciones de medición de actitudes del consumidor, utilizando instrumentos de medición confiables.

- Las investigaciones de encuesta nacional de hogares, de empresas, los censos, etcétera.

7.5.4. Investigación correlacional

Para Salkind, la *investigación correlacional* tiene como propósito mostrar o examinar la relación entre variables o resultados de variables. De acuerdo con este autor, uno de los puntos importantes respecto a la investigación correlacional es examinar relaciones entre variables o sus resultados, pero en ningún momento explica que una sea la causa de la otra[9]. En otras palabras, la correlación examina asociaciones pero no relaciones causales, donde un cambio en un factor influye directamente en un cambio en otro.

Los siguientes son algunos *ejemplos* de investigaciones correlacionales:

- Las investigaciones orientadas a medir el efecto de las políticas de una empresa en el rendimiento de los trabajadores.

- Las investigaciones cuyos propósitos son conocer la relación entre el estado motivacional de los trabajadores y el nivel de productividad de los mismos.

- Las investigaciones orientadas a medir el impacto de un nuevo modelo administrativo en la actitud de los directivos empresariales.

---

[9]   SALKIND, Neil, *op. cit.*, p. 12.

7.5.5. Investigación explicativa o causal

Cuando en una investigación el investigador se plantea como objetivos estudiar el porqué de las cosas, hechos, fenómenos o situaciones, a estas investigaciones se les denomina *explicativas*.

En la investigación explicativa se analizan causas y efectos de la relación entre variables.

Los siguientes son algunos *ejemplos* de investigaciones explicativas:

* La investigación cuyo propósito es conocer las principales causas que llevan a la quiebra a las pequeñas y medianas empresas.

* La investigación orientada a analizar los factores de competitividad de las empresas de un determinado país o sector económico.

* Las investigaciones orientadas a analizar las estrategias o factores de éxito o fracaso de una empresa o sector económico.

7.5.6. Estudios de casos

Además de los tipos de investigación antes descritos, existen los llamados *estudios de casos* y que se consideran de mucha importancia en el campo de las ciencias económicas y administrativas.

Para Hermida y colaboradores[10], los estudios de casos son importantes cuando se requiere investigar una unidad o "caso" (empresa, área, actividad, etcétera) de un universo poblacional, y cuyo propósito es hacer un análisis específico de esa unidad; por tanto, el estudio debe mostrar una descripción de problemas, situaciones o acontecimientos reales ocurridos en la uni-

---

[10] HERMIDA, Jorge, SERRA, Roberto y KASTIKA, Eduardo, *Administración y estrategia,* Ed. Macchi, Buenos Aires, 1991, p. XXII.

dad objeto de análisis (organización), debe mostrar un diagnóstico de la situación objeto de estudio y presentar las recomendaciones más adecuadas para la solución del problema descrito en el diagnóstico, sustentadas con soporte teórico.

Algunos *ejemplos* de estudios de casos son los siguientes:

- Los estudios orientados a analizar una determinada empresa; ejemplo: "Análisis organizacional en la empresa QPTGMD".

- Los estudios dirigidos a instituciones públicas o privadas; ejemplo: "Análisis del proceso de trasformación cultural en la Policía Nacional".

7.5.7. Otros tipos de investigación

Según Briones, en relación con el tiempo o número de veces en que se obtiene información del objeto de estudio, existen dos tipos de investigación: la seccional y la longitudinal[11].

Investigaciones seccionales

Son aquellas investigaciones en las cuales se obtiene información del objeto de estudio (población o muestra) una única vez en un momento dado. Para Briones, estos estudios son especies de "fotografías instantáneas" del fenómeno objeto de estudio.

Esta investigación puede ser descriptiva o explicativa. Ejemplos de investigación seccional o también llamada trasversal pueden ser los siguientes:

- Las encuestas realizadas a una población o muestra de empresarios en una determinada fecha.

- Las encuestas realizadas a un grupo de consumidores en un determinado momento.

---

[11] BRIONES, Guillermo, *Métodos y técnicas de investigación para las ciencias sociales*, Trillas, México, 1985, p. 21.

Investigaciones longitudinales

A diferencia de la investigación seccional que obtiene datos de un objeto en una sola oportunidad, en la *investigación longitudinal* se obtienen datos de la misma población en distintos momentos durante un periodo determinado, con el fin de examinar sus variaciones en el tiempo. Ejemplo, un estudio orientado a evaluar la productividad de los trabajadores de una empresa y para ello se analiza la producción durante dos (2) años, recogiendo información tres veces por año.

Cuadro 2. TIPOS DE INVESTIGACIÓN

TIPO DE INVESTIGACIÓN	CARACTERÍSTICAS
• Histórica	Analiza eventos del pasado y busca relacionarlos con otros del presente.
• Documental	Analiza información escrita sobre el tema objeto de estudio.
• Descriptiva	Reseña rasgos, cualidades o atributos de la población objeto de estudio.
• Correlacional	Mide grado de relación entre variables de la población estudiada.
• Explicativa	Da razones del porqué de los fenómenos.
• Estudios de caso	Analiza una unidad específica de un universo poblacional.
• Seccional	Recoge información del objeto de estudio en oportunidad única.
• Longitudinal	Compara datos obtenidos en diferentes oportunidades o momentos de una misma población con el propósito de evaluar cambios.
• Experimental	Analiza el efecto producido por la acción o manipulación de una o más variables independientes sobre una o varias dependientes.

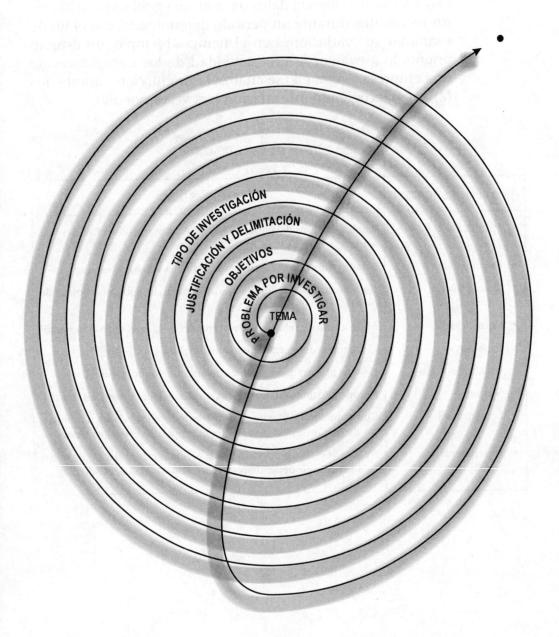

Gráfica 7

PREGUNTAS DE REPASO Y ANÁLISIS

1. Enuncie y comente los principales tipos de investigación presentados en este capítulo.

2. Explique la relación entre problema de investigación, objetivos y tipo de investigación en el desarrollo de una investigación científica.

3. Consulte en bibliotecas y medios especializados en material científico y obtenga información relacionada con ejemplos de investigaciones recientes en el campo de su profesión, según los diferentes tipos de investigación. Haga un resumen de cada una de las investigaciones consultadas.

4. Proponga ejemplos de temas de investigación histórica, documental, descriptiva, correlacional, explicativa, longitudinal, trasversal y de estudios de caso en el campo de su profesión que usted considere que merecen ser desarrollados como trabajos de grado.

5. Averigüe qué otros tipos de investigación distintos a los presentados en este capítulo existen en el campo de la investigación científica y comente qué pertinencia tienen para el campo de su profesión.

6. En trabajo en equipo con sus compañeros de clase, compartan la información de los puntos 1, 2, 3, 4 y 5. Elaboren un informe resultado de la actividad del intercambio de información.

6

PREGUNTAS DE REPASO Y ANÁLISIS

MARCO DE REFERENCIA DE LA INVESTIGACIÓN

El tema, objetivos y justificación parecen claros, pero, ¿cuál es el marco filosófico, teórico y conceptual de mi investigación?

¿CUÁL ES EL CONCEPTO DE PERSONA QUE ENMARCA MI ESTUDIO?

¿CUÁLES SON LAS INVESTIGACIONES MÁS RECIENTES SOBRE MI TEMA DE INTERÉS?

¿CUÁLES FUERON SUS OBJETIVOS Y SUS RESULTADOS?

7.6. ELABORAR EL MARCO DE REFERENCIA DE LA INVESTIGACIÓN

Como la ciencia es una búsqueda permanente del conocimiento válido, entonces cada nueva investigación debe fundamentarse en el conocimiento existente y de igual manera asumir una posición frente al mismo. Por este motivo, toda investigación debe realizarse dentro de un *marco de referencia* o conocimiento previo, es decir, es necesario ubicar la investigación que va a realizarse dentro de una teoría, enfoque o escuela. También debe explicitar la concepción de persona que enmarcará la investigación y finalmente debe precisar los conceptos relevantes del estudio.

En síntesis, el marco de referencia es el marco general de la fundamentación teórica y antropológica en la cual se desarrolla el estudio. Este marco comprende:

a. El marco filosófico-antropológico.

b. El marco teórico.

c. El marco conceptual.

En algunos casos debe considerarse, además, el marco legal.

7.6.1. Marco filosófico–antropológico

El marco filosófico consiste en exponer la concepción filosófico-antropológica o concepto de ser humano que tiene el autor o autores de la investigación. Ese concepto se reflejará en el desarrollo del estudio enfatizando algunos aspectos y relegando otros.

Al referirse a la importancia de las suposiciones, Drucker afirma: "Las suposiciones básicas que una disciplina mantiene acerca de la realidad determinan el punto de concentración de la disciplina, deciendo qué va a recibir atención y qué va a desconocer o pasar por alto"[12]. En el campo específico de las ciencias económicas y administrativas, las suposiciones o

---

[12] DRUCKER, Peter F., *Los desafíos de la gerencia para el siglo XXI*, Norma, Bogotá, 1999, p. 3.

concepciones respecto al ser humano son fundamentales debido a que éstas han determinado la actitud que los gobernantes y directivos empresariales han asumido respecto al ser humano, ya sea para mejorar su calidad de vida y promover su desarrollo integral o para contribuir a la deshumanización, cosificación o marginación de la persona.

En este sentido, conscientes de que la investigación debe ante todo ser orientada en pro del ser humano, es importante que en un proceso de investigación se explicite la concepción del ser humano que fundamenta el respectivo estudio, generándose compromiso del investigador de asumir lo humano como lo fundamental.

7.6.2. Marco teórico

De acuerdo con Hugo Cerda, "es imposible concebir una investigación científica sin la presencia de un marco teórico, porque a éste le corresponde la función de orientar y crear las bases teóricas de la investigación"[13]. Según esta afirmación, ¿qué es, entonces, el marco teórico en una investigación científica?

Concepto de marco teórico

Si bien no existe consenso entre los distintos investigadores respecto a qué se entiende por marco teórico, según Briones, citado por Cerda, "el marco teórico a niveles más específicos y concretos, comprende la ubicación del problema en una determinada situación histórico-social, sus relaciones con otros fenómenos, las relaciones de los resultados por alcanzar con otros ya logrados, como también definiciones de nuevos conceptos, redefiniciones de otros, clasificaciones, tipologías por usar, etcétera"[14].

Ahora, dado que para el presente libro se hace una diferenciación entre el marco teórico y el marco conceptual, entonces, el

---

[13] CERDA, Hugo, *op. cit.*, p. 170.
[14] BRIONES, Guillermo, en: CERDA, Hugo, *op. cit.*, p. 171.

marco teórico se entenderá aquí como la fundamentación teórica dentro de la cual se enmarcará la investigación que va realizarse. Es decir, es una presentación de las principales escuelas, enfoques o teorías existentes sobre el tema objeto de estudio, en que se muestre el nivel del conocimiento en dicho campo, los principales debates, resultados, instrumentos utilizados, y demás aspectos pertinentes y relevantes sobre el tema de interés.

El marco teórico no es un resumen de las teorías que se han escrito sobre el tema objeto de la investigación. Es una revisión de quienes están investigando o han investigado el tema y los planteamientos de estos autores y cuáles son los principales aspectos por ellos estudiados. Esta fundamentación soportará el desarrollo del estudio y la discusión de los resultados.

Como la cantidad de información en algunos temas abunda, es importante que la persona interesada en desarrollar cualquier investigación se asesore de expertos en ese campo y se concentre en la información pertinente y relevante del tema. Hay que leer de preferencia aquellos documentos y libros especializados que muestran los resultados de las últimas investigaciones realizadas sobre el tema y evitar así desperdiciar recursos.

Con los nuevos sistemas de comunicación vía Internet, es más fácil obtener información sobre cualquier tema en cualquier parte del mundo. Así que debe aprovecharse este recurso.

7.6.3. Marco conceptual

En un mundo cada vez más especializado es necesario precisar los distintos conceptos utilizados en cada campo del saber. En el caso de la investigación, esto es más perentorio, por lo que toda investigación necesita precisar sus conceptos básicos. La definición precisa de conceptos relevantes se conoce como *marco conceptual*.

Elaborar un marco conceptual no es hacer una lista de términos relacionados con un tema, sino definir los que por su significado particular necesitan ser precisados en su definición. En otras palabras, se entiende aquí marco conceptual como el glosario de términos claves utilizados en la investigación.

Ejemplo de un marco de referencia

MARCO DE REFERENCIA

Con el propósito de ambientar al lector, a continuación se presentan los fundamentos antropológicos y teóricos que enmarcan este estudio y que sirven de base para el análisis de sus resultados.

• Marco filosófico-antropológico

El presente trabajo está enmarcado en una concepción de ser humano, como una entidad compleja y paradójica, y sobre todo como un ser pluridimensional[1], ya que es un ser en sí mismo, un ser en relación con los otros seres humanos, un ser corpóreo, espiritual, emocional, intelectual, cultural e histórico, libre, trascendente, y un ser en proyecto, que se construye y trasforma el mundo en que vive, un ser capaz de perfeccionarse, es un ser creativo y optimista para formarse una vida digna y humana. Es un ser afectivo, que sufre y goza, un ser con limitaciones, pero dispuesto a superarlas. Es un ser capaz de mejorar cada día con la ayuda de los demás.

• Marco teórico

Siguiendo el ejemplo de la creatividad en las organizaciones, el siguiente es un ejemplo resumido de un marco teórico:

"La investigación en los distintos campos del conocimiento humano cada día concede más importancia y atención a cuanto implica la actividad creadora, por la convicción de que el desarrollo de la persona humana, de las organizaciones y de la sociedad en general se da en proporción directa con su poder creador o cocreador" (López Quintás, 1998)[2].

Instituciones como las Naciones Unidas y científicos reconocidos en distintos campos del conocimiento no dudan en afir-

---

[1] POLO, Leonardo, *Quién es el hombre*, Editorial Rialp, Madrid, 1997, p. 53.
[2] LÓPEZ QUINTÁS, Alfonso, *El encuentro y la plenitud de la vida espiritual*, De Claretiana, Barcelona, 1990, p. 89.

mar que sólo mediante la creatividad se garantizará el desarrollo integral y el progreso de la humanidad en los próximos años. Por ello ésta debe ser una preocupación de líderes nacionales y directivos organizacionales en los países subdesarrollados, como lo afirma Phillips (1997)[3]. Sin embargo, para Sternberg y Lubart (1997), la creatividad y la innovación son menospreciadas por la sociedad, en general, y por las instituciones que existen dentro de la sociedad[4]. Estos investigadores afirman que los ejecutivos del mundo de los negocios hablan de la necesidad de la creatividad y de la innovación, pero sólo en el sentido demagógico, pues en la realidad no la promueven.

Otros investigadores como Finke (1998) aseguran que los resultados de la dinámica de las organizaciones impresionan más por lo lento de sus cambios que por la rapidez y novedad de ellos. Finke afirma que "las culturas organizacionales y los modos de hacer las cosas parecen tener una vida que se prolonga más allá de las personas particulares que habitan la organización"[5]. De otra parte, Gardner (1997) muestra que la creatividad es algo difícil de encontrar en el mundo de los negocios, tal vez porque en buena medida los ejecutivos reconocen su necesidad, pero por distintos motivos le temen[6].

Por esto, Sternberg y Lubart afirman que a pesar de que muchas personas dicen valorar las ideas originales, existen pruebas contundentes de que no están identificadas con aquello que supuestamente valoran. Al respecto, uno de los hallazgos más consecuentes en psicología es el muy conocido "efecto de mera exposición", planteado por Zajona en 1978 y que consiste en mostrar que a las personas, en su mayoría, les gusta lo que les es familiar. Con esto puede afirmarse que aunque de pensamiento puede valorarse la creatividad, por-

[3] PHILLIPS, Nicola, *Nuevas técnicas de investigación*, Financial Times, Folio, España, 1994, p. 117.
[4] STERNBERG, Roberto y LUBART, T., *La creatividad en una cultura conformista*, Paidós, Buenos Aires, 1997, p. 59.
[5] FINKE, R.A., *Creatividad. Teoría, investigación y aplicaciones*, Paidós, Buenos Aires, 1998, p. 321.
[6] GARDNER ,H., *Mentes creativas*, Paidós, Barcelona, 1997, p. 62.

que trae consigo el progreso, muy a menudo incomoda a la gente y, en consecuencia, quienes no la practican pueden reaccionar negativamente ante la persona o la obra creativa.

En virtud de que en las organizaciones los directivos parecen ser poco creativos, afirma Kuczmarski[7], las personas creativas a menudo son consideradas raras e incluso son marginadas.

Dados los rápidos y complejos cambios que vive el mundo empresarial, es oportuno conocer cómo se percibe y se actúa en las empresas nacionales respecto a la creatividad. En el país se habla insistentemente de la necesidad de dinamizar las organizaciones para acomodarse a las exigencias del nuevo ambiente de los negocios; por ello, conviene explorar la manera como se asume este reto y se aprovecha la capacidad innovadora y creativa del recurso humano en las diferentes organizaciones.

- **Marco conceptual**

  Para el presente estudio se han definido tres términos considerados relevantes en la investigación.

  Creatividad: de acuerdo con Sternberg, creatividad son todas las nuevas formas que una persona adopta para realizar las diferentes labores en sus trabajos; son los nuevos modos de relacionarse las personas entre sí; son las nuevas ideas y/o productos que una persona genera en cualquier momento de su vida.

  Cultura organizacional: se refiere a un sistema de significados compartidos entre sus miembros y que distingue a una organización de otras.

  Desarrollo integral: hace referencia a todo cambio cualitativo en donde se afecta de manera positiva todas las dimensiones que constituyen al ser humano (aspectos fisiológicos, psicológicos, intelectuales, sociales, culturales, económicos y espirituales).

---

[7] KUCZMARSKI, Thomas, *Innovación*, McGraw-Hill, México, 1997, p. 159.

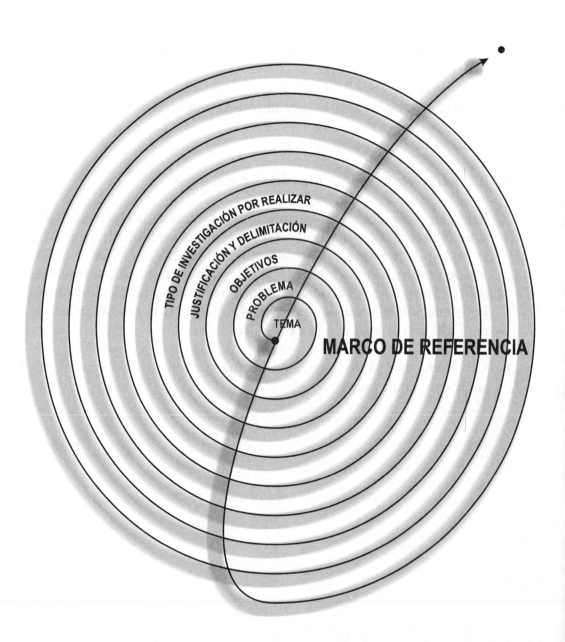

Gráfica 8

PREGUNTAS DE REPASO Y ANÁLISIS

1. ¿Qué es un marco de referencia en una investigación?

2. ¿Cuál es la importancia del marco antropológico en una investigación?

3. ¿Cuál es la relación entre el marco teórico y los objetivos de la investigación?

4. ¿Qué es el marco teórico y qué funciones cumple en una investigación?

5. ¿Qué es un marco conceptual?

6. Busque ejemplos publicados de marco teórico.

7. Seleccione un tema de investigación, establezca los objetivos y elabore el marco teórico, sin olvidar las referencias bibliográficas y las citas de pie de página. (Consulte normas de presentación de trabajos de grado). El marco teórico debe mostrar las principales teorías sobre el tema, las investigaciones más recientes y la relación con su investigación y el enfoque que desarrollará en la investigación de acuerdo con la información consultada.

8. Con metodología de taller, lean los marcos teóricos elaborados por ustedes y analícenlos.

HIPÓTESIS DE LA INVESTIGACIÓN

Como ya decidí el tipo de investigación, ahora puedo saber si necesito o no hipótesis.

7.7. FORMULAR HIPÓTESIS DE INVESTIGACIÓN

Un aspecto importante en el proceso de investigación científica es el que tiene que ver con las hipótesis, debido a que éstas son el medio por el cual se responde a la formulación del problema de investigación, y se operacionalizan los objetivos.

Se formulan hipótesis cuando en la investigación se quiere probar una suposición y no sólo mostrar los rasgos característicos de una determinada situación. Es decir, se formulan hipótesis en las investigaciones que buscan probar el impacto que tienen algunas variables entre sí, o el efecto de un rasgo o variable en relación con otro. Básicamente son estudios que muestran la relación causa/efecto.

Las investigaciones de tipo descriptivo no requieren formular hipótesis; es suficiente plantear algunas preguntas de investigación que, como ya se anotó, surgen del planteamiento del problema, de los objetivos y, por supuesto, del marco teórico que soporta el estudio.

En resumen, todo proyecto de investigación requiere preguntas de investigación, y sólo aquellos que buscan evaluar relación entre variables o explicar causas requieren la formulación de hipótesis.

7.7.1. Concepto de hipótesis

Según el *Pequeño diccionario Larousse ilustrado*, "la palabra hipótesis deriva del griego *hypotthesis*, que significa suposición de una cosa posible, de la que se saca una consecuencia"[15].

Para Arias Galicia, "una hipótesis es una suposición respecto a algunos elementos empíricos y otros conceptuales, y sus relaciones mutuas, que surge más allá de los hechos y las experiencias conocidas, con el propósito de llegar a una mayor comprensión de los mismos"[16].

---

[15] GARCÍA PELAYO, Román, *Pequeño diccionario Larousse ilustrado*, México, 1994, p. 544.
[16] ARIAS GALICIA, Fernando, *op. cit.*, p. 66.

Para Muñoz Rozo, una hipótesis "es la explicación anticipada y provisional de alguna suposición que se trate de comprobar o desaprobar a través de los antecedentes que se recopilan sobre el problema de investigación previamente planteado"[17].

De las definiciones anteriores puede concluirse que una hipótesis es una suposición o solución anticipada al problema objeto de la investigación y, por tanto, la tarea del investigador debe estar orientada a probar tal suposición o hipótesis. Ahora, es importante tener en claro que al aceptar una hipótesis como cierta no se puede concluir respecto a la veracidad de los resultados obtenidos, sino que se aporta evidencia en su favor.

7.7.2. Función de las hipótesis

Las siguientes son algunas de las *funciones* que según Arias Galicia cumplen las hipótesis en una investigación:

• Con las hipótesis se precisan los problemas objeto de la investigación.

• Se identifican o explicitan las variables objeto de análisis del estudio.

• Se definen y unifican los criterios, métodos, técnicas y procedimientos utilizados en la investigación, a fin de darles uniformidad y constancia en la validación de la información obtenida. Analizando las funciones que cumplen las hipótesis en una investigación, no hay duda acerca del papel importante que éstas desempeñan en un estudio y en el campo científico en general.

7.7.3. Clases de hipótesis

Algunos de los tipos de hipótesis más usuales en la investigación son los siguientes:

---

[17] MUÑOZ ROZO, Carlos, *op. cit.*, p. 94.

- **Hipótesis de trabajo**, que es la hipótesis inicial que plantea el investigador al dar una respuesta anticipada al problema objeto de investigación.

Un ejemplo de esta hipótesis podría ser:

Supongamos que existe interés por analizar el problema del desempleo en una determinada ciudad del país y el investigador se propone la siguiente hipótesis:

H_A: las principales causas del desempleo en la ciudad están determinadas por las medidas económicas del gobierno nacional.

- **Hipótesis nula** es una hipótesis que indica que la información por obtener es contraria a la hipótesis de trabajo.

Siguiendo el ejemplo del desempleo, la hipótesis nula sería:

H_0: el fenómeno del desempleo en la ciudad no está determinado por las medidas económicas del gobierno nacional.

- **Hipótesis descriptivas** son aquellas hipótesis o suposiciones respecto a los rasgos, características o aspectos de un fenómeno, hecho, situación, persona, organización, etcétera, objeto de estudio.

Ejemplo. H_1: las principales características del desempleo en la ciudad son la edad, el nivel educativo, el sexo.

- **Hipótesis estadísticas** son hipótesis o suposiciones formuladas en términos estadísticos.

Ejemplo. H_1: 25% de la población desempleada en la ciudad corresponde a personas con nivel académico profesional.

7.7.4. Procedimiento para verificar hipótesis

Uno de los aspectos importantes relacionado con la hipótesis es el procedimiento estadístico que debe seguirse para verificar o realizar una prueba de hipótesis.

En general, la prueba de hipótesis puede sintetizarse en los siguientes pasos:

a. *Formular la hipótesis*. Consiste en plantear la hipótesis nula (H_o) y la hipótesis alterna o de trabajo (H_A) del problema objeto de la investigación.

b. *Elegir la prueba estadística adecuada*. El investigador elige la prueba estadística teniendo en cuenta las características del tema de investigación (*véase* procesamiento de información).

c. *Definir el nivel de significación*. Para la prueba de la hipótesis es necesario definir un porcentaje o nivel de confianza dentro del cual se aceptará o rechazará la hipótesis. Es usual usar valores para $\alpha=0,01$, $\alpha=0,05$ ó $\alpha=0,10$

d. *Recolectar los datos de una muestra representativa*. Consiste en obtener la información de la población o muestra objeto del estudio.

e. *Estimar la desviación estándar de la distribución muestral de la media*. Se utiliza la siguiente fórmula:

$$S_x = \frac{S}{\sqrt{n}}$$

Donde:

S_x = desviación estándar de la distribución muestral de la media.

S = desviación estándar de la muestra.

n = tamaño de la muestra.

f. *Trasformar la media de la muestra en valores z o t, según la prueba estadística seleccionada*.

g. *Tomar la decisión estadística*. Consiste en comparar el valor de z o t calculado en el paso anterior con el respectivo valor de z o t crítico (valor en tabla), según el nivel de significación elegido en el literal c.

h. *Conclusión*. Consiste en llegar a una conclusión de rechazo o aceptación de la hipótesis objeto del estudio.

En la parte correspondiente al procesamiento de información, el lector podrá encontrar algunos ejemplos de prueba de hipótesis aplicados al campo de las ciencias económicas y administrativas.

7.7.5. Hipótesis y variables

Para probar las hipótesis es necesario identificar el concepto de variable, porque las hipótesis son suposiciones acerca de variables. Pero, ¿qué es una variable?

De acuerdo con Rojas Soriano, una variable "es una característica, atributo, propiedad o cualidad que puede estar o no presente en los individuos, grupos o sociedades; puede presentarse en matices o modalidades diferentes o en grados, magnitudes o medidas distintas a lo largo de un continuum"[18].

En este sentido, una hipótesis es una suposición de la relación entre características, atributos, propiedades o cualidades que definen el problema objeto de la investigación. Estas características o propiedades se definen como variables de investigación.

7.7.6 Tipos de variables

En las hipótesis causales, es decir aquellas que plantean relación entre efectos y causas, se identifican tres tipos de variables: las *independientes*, las *dependientes* y las *intervinientes*. Estos mismos tipos de variables pueden estar presentes en las hipótesis correlacionales cuando se explica la correlación.

Independiente

Se denomina *variable independiente* a todo aquel aspecto, hecho, situación, rasgo, etcétera, que se considera como la "causa de" en una relación entre variables.

[18] ROJAS SORIANO, Raúl, *Guía para realizar investigaciones sociales*, Universidad Nacional Autónoma de México, México, 1981.

Dependiente

Se conoce como *variable dependiente* al "resultado" o "efecto" producido por la acción de la variable independiente.

Interviniente

Las *variables intervinientes* son todos aquellos aspectos, hechos y situaciones del medio ambiente, las características del sujeto/objeto de la investigación, el método de investigación, etcétera, que están presentes o "intervienen" (de manera positiva o negativa) en el proceso de la interrelación entre las variables independiente y dependiente.

En toda investigación experimental es muy importante identificar y hacer un adecuado control de variables intervinientes para tener confiabilidad sobre la interdependencia entre las variables independiente y dependiente, debido a que en un evento puede presentarse el caso de que las variables intervinientes puedan alterar la relación entre estas variables. Por ejemplo, en un estudio en el que se pretende medir el efecto sobre el volumen de ventas de un programa de capacitación en estrategias de mercadeo realizado al personal del área de ventas de una determinada empresa, si no existe control de variables intervinientes será difícil afirmar que, en caso de presentarse variación en el volumen de ventas, esta variación se deba al programa de capacitación recibido por el personal, ya que dicha variación puede obedecer a otras variables como la temporada, la baja en los precios del producto, etcétera, y no a la capacitación del personal.

El control de variables intervinientes se realiza indicando cuáles variables serán controladas, cómo será el control y por qué se controla.

Las principales variables que se controlan son las que tienen que ver con:

Condiciones ambientales, realizando el estudio en condiciones constantes o controlando los posibles cambios; ejemplos: empresas en entornos económicos similares; personas en condiciones similares.

Experiencia de los sujetos (población o muestra) del estudio, seleccionando sujetos o población con similar experiencia en la variable objeto de medición; ejemplo: empresas o personas que tienen experiencias semejantes.

La homogeneidad en las características de la población objeto del estudio, seleccionando población con características similares; ejemplo: empresas que tienen características similares (tamaño, sector económico, estilo de dirección, posicionamiento en el mercado, etcétera); personas que poseen características similares (edad, grado académico, estrato socioeconómico, etcétera).

Los siguientes ejemplos ilustran los tres tipos de variables en una hipótesis causal:

Ejemplo 1

Hipótesis 1: el nivel de productividad del personal de una organización está determinado por el grado de capacitación académica que tiene cada persona.

Variable independiente: grado de capacitación académica (causa).

Variable dependiente: nivel de productividad (efecto).

Variables intervinientes: ambiente laboral, temporada del año, nivel salarial, estilo de dirección, rasgos de personalidad.

Ejemplo 2

Hipótesis 2: el costo del dinero (tasa de interés) en el mercado determina el monto de inversión de las empresas.

Variable independiente: costo del dinero (tasa de interés).

Variable dependiente: volumen o monto de inversión por parte de las empresas.

Variables intervinientes: condiciones sociales y económicas del país, capacidad de inversión por parte de la empresa.

7.7.7. Conceptualización y operacionalización de las variables

Una vez identificadas las variables objeto del estudio, es necesario conceptualizarlas y operacionalizarlas.

Conceptualizar una variable quiere decir definirla, para clarificar qué se entiende por ella.

Ejemplo.

Cuando se habla de la variable ingreso, conceptualizar la variable significa especificar qué se entiende por ingreso.

Cuando se hace referencia a la variable capacitación, conceptualizar la variable significa definir el término capacitación.

Operacionalizar una variable significa traducir la variable a indicadores, es decir, traducir los conceptos hipotéticos a unidades de medición.

Ejemplo.

- La variable ingreso se operacionaliza cuando se define en una unidad de medición, como puede ser cantidad de ingresos ($) u otra moneda.

- La variable capacitación se operacionaliza cuando se traduce a número de años de formación académica.

- La variable pobreza se operacionaliza cuando se traduce a promedio de ingresos de las personas.

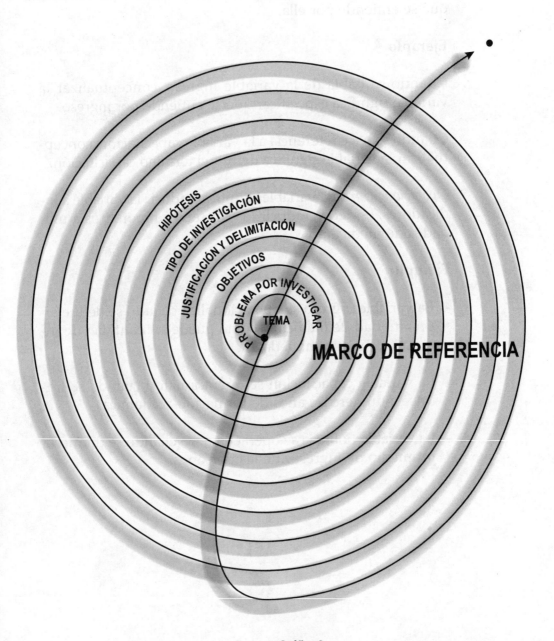

EL PROCESO DE INVESTIGACIÓN.
FORMULAR HIPÓTESIS DE INVESTIGACIÓN

HIPÓTESIS

TIPO DE INVESTIGACIÓN

JUSTIFICACIÓN Y DELIMITACIÓN

OBJETIVOS

PROBLEMA POR INVESTIGAR

TEMA

MARCO DE REFERENCIA

Gráfica 9

PREGUNTAS DE REPASO Y ANÁLISIS

1. ¿Qué son las hipótesis de investigación?

2. ¿Por qué son importantes las hipótesis en investigación y cómo se verifican?

3. Explique la relación entre problema de investigación, objetivos, tipo de investigación e hipótesis.

4. Seleccione un tema de investigación, formule los objetivos, defina el tipo de investigación y evalúe la pertinencia o no de formular hipótesis. (En caso de ser necesario, formule la hipótesis de investigación).

5. Muestre por lo menos tres ejemplos de hipótesis de investigación para tres temas de interés en el estudio de las organizaciones e identifique las variables de las respectivas hipótesis, con sus definiciones (conceptual y operacional).

6. Consulte en la biblioteca y revise por lo menos tres estudios de investigación reciente en los que se hayan planteado hipótesis de investigación. Obtenga información relacionada con el título, los autores, los objetivos de la investigación, las hipótesis, la prueba de hipótesis y las conclusiones.

7. En un taller de clase, analicen la información del desarrollo de los puntos 1 a 6.

8

DISEÑO DE LA INVESTIGACIÓN

El nivel de profundidad de mi estudio requiere un diseño experimental.

7.8. DEFINIR EL DISEÑO DE LA INVESTIGACIÓN

La definición de un diseño de investigación está determinada por el tipo de investigación que va a realizarse y la hipótesis que va a probarse durante el desarrollo de la investigación. Ahora, se habla de diseños cuando está haciéndose referencia a la investigación experimental, también llamada investigación causal, que consiste en demostrar que la modificación de una variable (variable independiente) ocasiona un cambio predecible en otra (variable dependiente).

La investigación experimental se realiza mediante los llamados diseños que son un conjunto de procedimientos con los cuales se manipulan una o más variables independientes y se mide su efecto sobre una o más variables dependientes.

7.8.1. Diseños experimentales

En la investigación experimental existen diversos tipos de diseño, que se clasifican de diferentes formas. Sin embargo, la clasificación más usada según Salkind[19] e investigadores como Briones[20] es la de Campbell y Stanley, quienes identifican tres categorías generales de diseños de investigación: preexperimentales, cuasi experimentales y experimentales verdaderos.

Para Salkind esta clasificación está fundamentada en dos características básicas de los diseños: (1) el grado de control que se ejerce sobre las variables objeto de estudio, y (2) el grado de aleatoriedad con que se asignan los sujetos de la investigación a un grupo o a varios de ellos.

Los diseños preexperimentales son los que presentan el más bajo control de variables y no se realiza asignación aleatoria de los sujetos al experimento; mientras que los diseños experimentales puros o verdaderos se caracterizan por un alto grado de control de las variables y porque existe asignación

---

[19] SALKIND, Neil J., *op. cit.*, p.234.
[20] BRIONES, Guillermo, *op. cit.*, p. 21.

aleatoria de los sujetos a los grupos (experimental y control) participantes en la investigación.

7.8.1.1. Diseños experimentales verdaderos

De acuerdo con Salkind[21], para que en investigación un diseño sea un experimento verdadero, se requiere que exista una manipulación intencional de una o más variables independientes, se haga asignación aleatoria de los sujetos participantes en la investigación a cada uno de los grupos (experimental y de control) y que se ejerza un riguroso control sobre las variables objeto de medición y sobre las variables extrañas que pueden tener algún impacto en los resultados del experimento.

Estas variables son específicas de cada caso y pueden ser el tipo de prueba que se aplique (debe ser la misma para todos), las condiciones en que se aplica (las mismas para todos), la experiencia previa de los sujetos de la investigación (que sea homogénea), etcétera.

Los diseños experimentales verdaderos tienen el propósito de analizar si una o más variables independientes afectan una o más variables dependientes y por qué las afectan; existe una gran cantidad de diseños de investigación a través de los cuales puede hacerse investigación pura.

En el campo de la administración, un ejemplo clásico de un diseño experimental es el experimento Hawthorne, dirigido por Elton Mayo entre 1927 y 1929, en la fábrica de Western Electric Company, situada en Chicago, en el barrio Hawthorne, de donde tomó su nombre.

Otro ejemplo de un diseño experimental, descrito de manera muy general, sería el siguiente:

Una investigación podría encaminarse a conocer el efecto que sobre la productividad de los trabajadores tiene otorgar determinado estímulo o recompensa.

---

[21] SALKIND, Neil J., *op. cit.*, p. 236.

Para llevar a cabo la investigación, se tienen previstos los siguientes pasos:

a. Hacer una medición del nivel de productividad actual de los trabajadores (operarios) de la empresa.

b. Dividir el grupo de trabajadores en tres subgrupos seleccionados aleatoriamente.

c. A un grupo se le dirá que siga trabajando, sin hacer ninguna observación en particular distinta a la de informarles que la empresa está interesada en aumentar su volumen de producción a partir del siguiente mes; a un segundo grupo se le informará sobre la intención de la empresa de aumentar el volumen de producción, pero además se le dirá que como consecuencia del aumento del volumen de la producción será recompensado con una bonificación, una vez se compruebe la mejora en la productividad; y al tercer grupo igualmente se le informará de la intención de la empresa de obtener una mejora en la productividad a partir del mes siguiente, y a la vez que se les hace esta solicitud, se les entrega una bonificación anticipada al salario y se les advierte que se espera de ellos mayor productividad.

d. Cada grupo será analizado por separado, durante el mes, y al final, nuevamente, se medirá el volumen de producción de cada grupo y se comparará con la producción inicial. Se analizará la variación que obtuvo cada grupo y se evaluará el impacto de otorgar recompensa y de que ésta sea anterior o posterior a la acción.

Ahora, para que la información que se obtenga de este diseño sea confiable y válida, es necesario hacer varias mediciones. Para el caso particular de esta empresa, se sugiere, por lo menos, doce mediciones, una mensual por un año.

Este es un ejemplo general, sin embargo existen diferentes tipos de diseños específicos como los siguientes:

• Diseño de medición previa y posterior con grupo de control.

- Diseño de Solomon para cuatro grupos.

- Diseño con medición posterior y grupo de control.

- Diseño de series cronológicas.

- Diseños factoriales.

Al finalizar esta sesión, se muestran algunos ejemplos de la aplicación de estos diseños al campo de las ciencias económicas y administrativas.

7.8.1.2. Diseños cuasi experimentales

Los diseños cuasi experimentales se diferencian de los experimentales verdaderos porque en éstos el investigador ejerce poco o ningún control sobre las variables extrañas, y los sujetos participantes de la investigación no se asignan aleatoriamente a los grupos.

Estos diseños usualmente se utilizan para grupos ya constituidos.

Los siguientes son algunos diseños cuasi experimentales:

- Diseños de un grupo con medición antes y después.

- Diseños con grupo de comparación equivalente.

- Diseños con series de tiempos interrumpidos.

7.8.1.3. Diseños preexperimentales

Los diseños preexperimentales son aquellos en los que el investigador no ejerce ningún control sobre las variables extrañas o intervinientes, ni hay asignación aleatoria de los sujetos participantes de la investigación y no hay grupo control.

Los siguientes son algunos diseños preexperimentales:

- Diseño de un caso único.

- Diseño de un grupo con medición (prueba) previa y posterior.

- Diseño de comparación con un grupo estático.

Algunos ejemplos aplicados de estos diseños se encuentran al final de esta sección.

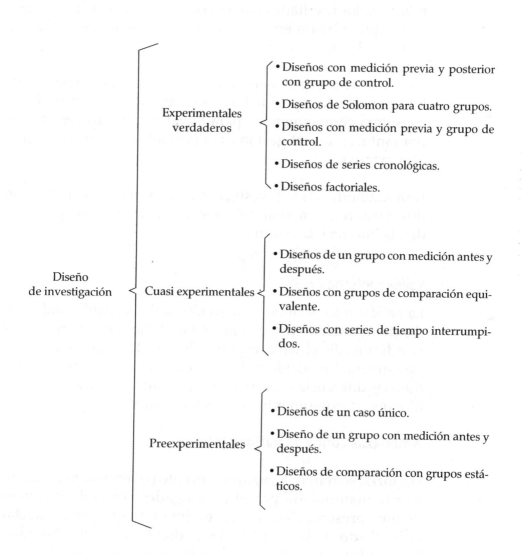

Cuadro 3

7.8.2. Validez de los experimentos

Un aspecto fundamental en el diseño de experimentos es la *validez* de los resultados que puedan obtenerse de los mismos. La pregunta básica en todo experimento de investigación es: ¿son válidos los resultados?

En un diseño experimental, cualquier variable extraña que interfiera con la capacidad de efectuar inferencias causales se considera como amenaza para la validez de sus resultados; por tanto, en investigación es importante el control de variables extrañas.

Para Malhotra, en la investigación experimental se presentan dos clases fundamentales de validez, a las que hay que atender: la interna y la externa[22].

7.8.2.1. Validez interna

La *validez interna* mide si la acción de las variables independientes o tratamientos producen los efectos en la variable dependiente. Si el investigador demuestra que la variable experimental (variable independiente) o de tratamiento produjo las diferencias observadas en la variable dependiente, se dice que el experimento tiene validez interna.

Amenazas contra la validez interna

Historia: se refiere a cualquier evento o circunstancia distinta a la manipulada por el investigador (variable independiente), presente durante el experimento y que puede afectar el resultado de la variable dependiente; ejemplo: los cambios en las condiciones ambientales que se presenten durante el tiempo de duración del experimento.

Maduración: se refiere a los cambios en el interior de las unidades de prueba que ocurren durante el tiempo de realiza-

---

[22] MALHOTRA, Naresh K., *Investigación de mercados con enfoque práctico*, Prentice Hall, México, 1997, p. 240.

ción del experimento; ejemplo: la experiencia que pueden ir adquiriendo los sujetos participantes en la investigación.

Variación en los instrumentos: se refiere a cualquier cambio en los instrumentos de recolección de la información que afectan las mediciones obtenidas; ejemplo: utilizar instrumentos de medición diferentes o modificarlos durante la investigación.

Selección sesgada: se presenta cuando se hace una asignación inadecuada de las unidades de prueba a las condiciones del tratamiento; ejemplo: seleccionar un grupo de control con características diferentes a las del grupo experimental.

Mortalidad: consiste en la pérdida de unidades de prueba o sujetos participantes en la investigación; ejemplo: participantes en una investigación que se retiran durante la realización del experimento.

7.8.2.2. Validez externa

A diferencia de la validez interna que indica si la variable independiente o acción realizada sobre un grupo o sujeto experimental, X, influyó realmente en las mediciones observadas, *la validez externa* se centra en la posibilidad de que los resultados del experimento puedan generalizarse a personas, medios y tiempos en el medio real; ejemplo: poder generalizar los resultados de un experimento realizado con un grupo de empresarios de los sectores de las pequeñas y medianas empresas (Pymes) que participaron en un curso de capacitación para mejorar la competitividad de dicho sector en el comercio exterior, a todas las empresas del sector.

7.8.3. Notación convencional de los experimentos

Para el estudio de los experimentos se utiliza un sistema estándar de notación:

X: indica la variable independiente (acción realizada sobre la población objeto del estudio); también se le conoce como tratamiento.

O: se emplea para indicar la medición de la variable dependiente.

R: se utiliza para indicar la asignación aleatoria de las unidades de prueba a los grupos en el experimento.

G: indica el grupo objeto del estudio.

Cuadro 4. DISEÑOS DE INVESTIGACIÓN

	EXPERIMENTALES VERDADEROS	CUASI EXPERIMENTALES	PREEXPERIMENTALES
Asignación de los sujetos	Aleatorios	Aleatorios voluntarios	Voluntarios
Control de variables	Máximo	Baja	Ninguno
Grupo de control	Siempre	Algunas veces	Ninguno

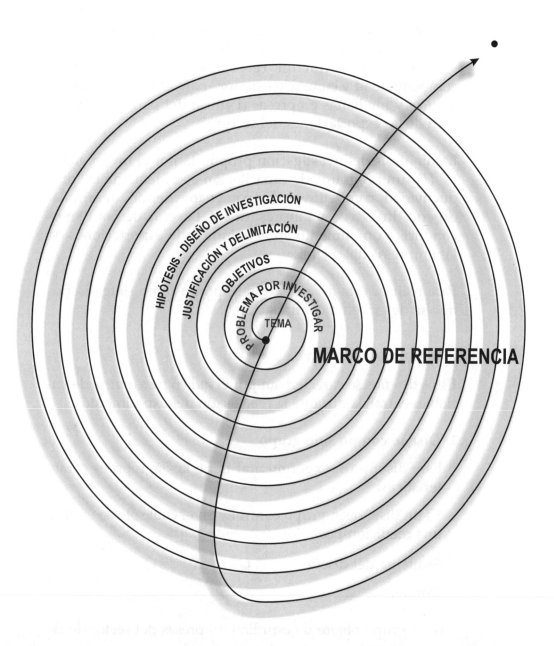

Gráfica 10

EJEMPLOS DE DISEÑOS DE INVESTIGACIÓN

A continuación se ilustran algunos diseños de investigación experimental que le pueden servir de guía para realizar futuras investigaciones en las que se requiere el uso de estos diseños.

Un investigador del campo de las ciencias económicas y administrativas está interesado en conocer el impacto de un programa de capacitación referente a "Productividad, competitividad y comercio exterior" para el sector de las pequeñas y medianas empresas (Pymes) del país, en el volumen de las exportaciones del sector.

La hipótesis de investigación propuesta por el investigador es: H_0=un programa de capacitación en el tema de la "productividad, competitividad y comercio exterior" desarrollado con directivos y empresarios del sector de las Pymes conduce a un aumento en el volumen de exportaciones de las empresas del sector.

Para realizar esta investigación se propusieron siete diseños que se describen a continuación.

a. Diseños preexperimentales

Estos diseños se caracterizan por el *nulo* o *poco control* de variables extrañas durante la realización del experimento.

1. Diseño con un solo grupo

Este diseño preexperimental tiene las siguientes características:

Es un diseño sin grupo control y en el cual sólo se efectúa una medición posterior.

Esquema del diseño: G X O_1

Donde:

G = grupo objeto de estudio (empresas del sector de las Pymes).

X = tratamiento o variable independiente (programa de capacitación).

O_1 = medición de la variable dependiente (variación en el volumen de las exportaciones en un período de un año después de haber tomado el curso).

El diseño consiste, entonces, en tomar un grupo voluntario de empresas de las cuales sus empresarios o directivos participarán en el programa de capacitación; se desarrolla la capacitación, y luego se realiza la medición del volumen de exportaciones para evaluar el impacto del curso en dicha variable.

Análisis del diseño

Con este diseño no puede garantizarse que los resultados que se obtengan en una variación en el volumen de las exportaciones obedezca al efecto causado por la capacitación recibida en el curso, debido a que no se controlan situaciones del medio que pueden ser las causales de las variaciones (si las hay).

Algunas de estas situaciones o variables extrañas que pueden afectar los resultados del experimento son los cambios en las condiciones económicas o políticas del país.

2. Diseño de comparación con dos grupos estáticos

Este diseño presenta las siguientes características:

Es un diseño que utiliza un *grupo experimental* y uno de *control*. Sin embargo, los sujetos o unidades de prueba no se asignan de manera aleatoria a ningún grupo, ni se realizan mediciones previas al experimento de la variable dependiente.

Esquema del diseño: Grupo experimental X O_1
                      Grupo control   - O_2

Donde:

X = variable independiente (programa de capacitación).
O_1 = medición de la variable dependiente (variación en el volumen de las exportaciones).

O_2 = medición de la variación del volumen de exportaciones del grupo control durante el tiempo de realización del experimento (este grupo no recibe capacitación).

Este diseño consiste en disponer de dos grupos voluntarios: uno de ellos participará en el programa de capacitación (este grupo se denomina grupo experimental), mientras el otro grupo no recibirá ninguna capacitación, pero servirá de grupo control.

Análisis del diseño

A pesar de que en este diseño se utilizan dos grupos de empresarios de los cuales uno recibe capacitación y el otro no, el hecho de que los empresarios o directivos no se asignen aleatoriamente a los grupos, la comparación que se haga de los resultados obtenidos al final del experimento y se obtenga diferencia positiva del grupo que recibe capacitación respecto del que no la recibe, no garantiza que dicha diferencia se deba a la capacitación, puesto que en el caso anterior no se controlan variables del medio que puedan afectar los resultados del experimento.

3. Diseño de un grupo con medición antes y después

Este diseño tiene las siguientes características:

Es un diseño de *un solo grupo* con medición previa (antes) y posterior (después) de la variable dependiente, pero sin grupo de control.

Esquema del diseño: $G \quad O_1 \quad X \quad O_2$

Donde:

X = variable independiente (programa de capacitación).

O_1 = medición previa (antes del curso) de la variable dependiente (volumen de exportaciones).

O_2 = medición posterior (después de tomar el curso) de la variable dependiente.

El diseño consiste en contar con un grupo voluntario de empresas cuyos empresarios o directivos participarán en el programa de capacitación. A ese grupo de empresas se le hará una evaluación previa sobre la variable objeto de estudio (volumen de exportaciones) y, después de haber recibido la capacitación, se realizará una nueva medición con el propósito de comparar los resultados antes y después del curso.

Análisis del diseño

La evaluación del grado de conocimiento en competitividad y comercio exterior en los empresarios y directivos empresariales realizada antes y después de la capacitación, sirve de parámetro para medir el efecto del curso en la variación de las exportaciones, pero como no se controlan variables extrañas que puedan afectar a los empresarios en sus actividades de comercio exterior, entonces no puede concluirse que los cambios que se presenten en las exportaciones obedezcan realmente al curso.

b. Diseños experimentales puros

Para superar las deficiencias de los anteriores diseños, el investigador ha propuesto cuatro *diseños experimentales* que permiten contar con resultados sobre los cuales pueden hacerse *inferencias*.

1. Diseño con dos grupos aleatorios

Este diseño presenta las siguientes características:

Es un diseño con un grupo experimental y uno de control, que incluye la *asignación aleatoria* de los sujetos o unidades de análisis a ambos grupos. Sin embargo, no se efectúa medición previa de la variable dependiente a ningún grupo.

Ofrece un alto control de variables extrañas.

El esquema del diseño es: Grupo experimental (R) $\quad X \quad O_1$

$\qquad\qquad\qquad\qquad\qquad$ Grupo control $\qquad (R) \qquad O_2$

Donde:

$R =$ asignación aleatoria de las unidades objeto de estudio a los grupos.

$X =$ variable independiente (programa de capacitación).

$O_1 =$ medición de la variable dependiente (variación del volumen de las exportaciones) en el grupo experimental.

$O_2 =$ medición de la variable objeto de estudio en el grupo control.

Para este diseño el investigador cuenta con un número determinado de pequeñas y medianas empresas (Pymes) interesadas en el comercio exterior, que tienen experiencia de por lo menos un año en el campo de las exportaciones. Además, durante los dos últimos años no han recibido capacitación en el tema de la competitividad y en el del comercio exterior.

Las empresas se asignan aleatoriamente a dos grupos; uno de éstos participará en el programa de capacitación sobre "Productividad, competitividad y comercio exterior", mientras que el otro no recibirá capacitación en el tema.

Después de haber realizado la capacitación al grupo experimental, se mide la variable objeto de estudio y se comparan los resultados de los dos grupos (experimental y control). En el caso de presentarse diferencias significativas en la comparación de resultados, se infiere que el programa de capacitación ha tenido efecto directo sobre la variable dependiente (exportaciones).

Análisis del diseño

En este diseño, el que los empresarios o directivos se asignen aleatoriamente a los dos grupos hace que estos grupos sean relativamente idénticos entre sí, y teniendo en cuenta que un grupo recibe capacitación mientras que el otro no, entonces la diferencia de los resultados que se obtenga de comparar los dos grupos, puede afirmarse, con relativa certeza, que ésta obedece a efectos del programa de capacitación.

2. Diseño con medición previa y posterior con grupo de control

Este diseño presenta las siguientes características:

Es un diseño que incluye la *asignación aleatoria* de los sujetos o unidades de análisis, tanto al grupo experimental como al grupo de control, y se realiza medición previa y posterior de la variable dependiente a ambos grupos.

Esquema del diseño: Grupo experimental (R) O_1 X O_2

Grupo control $\qquad$ (R) O_3 $\qquad$ O_4

Donde:

$R =$ asignación aleatoria de las unidades objeto de estudio a los grupos.

$X =$ variable independiente (programa de capacitación) grupo experimental.

O_1 y $O_2 =$ medición antes (O_1) y medición después(O_2) de la variable dependiente (volumen de las exportaciones) del grupo experimental.

O_3 y $O_4 =$ medición antes (O_3) y medición posterior (O_4) de la variable dependiente (volumen de exportaciones) del grupo control.

Análisis del diseño

Igual que el diseño anterior, el que la conformación de los grupos se haga de manera aleatoria, los dos grupos pueden considerarse idénticos y, por tanto, las variables extrañas pueden afectarlos de manera similar. La diferencia de este diseño con el anterior radica en la medición previa que se le hace al grupo que recibe la capacitación. Puede decirse que la diferencia positiva a favor del grupo experimental respecto del grupo de control obedece a efectos del curso recibido.

3. Diseño de Solomon para cuatro grupos

Este diseño presenta las siguientes características:

Es un diseño que usa *dos grupos* experimentales y dos grupos de control, con el propósito de controlar al *máximo* los efectos de las variables extrañas.

El esquema de este diseño es:

Grupo experimental 1:   (R) O_1 X O_2

Grupo control 1:   (R) O_3 - O_4

Grupo experimental 2:   (R)   - X O_5

Grupo control 2:   (R)   -   - O_6

El segundo grupo experimental no recibe prueba previa, pero, por lo demás, es idéntico al primero. El segundo grupo de control se somete a una sola medición de la variable dependiente (volumen de exportaciones) después de la prueba (programa de capacitación).

Análisis del diseño

De acuerdo con McDaniel y Gates[23], este diseño permite diversas mediciones del efecto de la variable independiente (programa de capacitación). Éstas son: $(O_2 - O_1) - (O_4 - O_3)$, $(O_6 - O_5)$ y $(O_2 - O_4)$. Si estas medidas concuerdan, las inferencias que pueden efectuarse acerca del efecto de la variable independiente son bastante válidas y confiables. Además, este diseño permite medir directamente los efectos de la interacción de la variable independiente y los efectos previos a la medición $[(O_2 - O_4) - (O_5 - O_6)]$.

Los ejemplos anteriores permiten ilustrar cómo puede desarrollarse un mismo tema de investigación con diferentes grados de control de variables extrañas y, por tanto, diferentes grados de validez y confiabilidad en los resultados de la investigación.

Los diseños aquí ejemplificados son los de uso más frecuente. Sin embargo, existen otros diseños que igualmente pueden utilizarse para el desarrollo de una investigación. Tales diseños son:

---

[23] McDANIEL, Carl y GATES Roger, *Investigación de mercados contemporánea*, Thomson Editores, México, 1999, p. 264.

4. Diseño experimental de series cronológicas

Se utiliza cuando el investigador está interesado en *analizar efectos* en el *mediano* y *largo plazo*, porque tiene bases para suponer que la influencia de la variable independiente sobre la dependiente *tarda* en manifestarse; ejemplos: programas de capacitación profesional, difusión de innovación, aplicación de nuevas teorías económicas y administrativas a la actividad económica y administrativa del país o de las empresas.

Características del diseño de series cronológicas

Se realizan varias mediciones sobre la variable dependiente durante un período prolongado. Las mediciones pueden ser tantas como se quieran y sean posibles aplicar.

Se trabaja con dos o más grupos objeto de estudio; los sujetos o unidades de análisis se asignan aleatoriamente a cada grupo.

5. Diseños factoriales

Estos diseños manipulan *dos o más* variables independientes e incluyen dos o más niveles de presencia en cada una de las variables independientes. Se utilizan con más frecuencia en investigación del comportamiento; ejemplos: en una empresa, analizar el impacto de un ajuste en el salario, realizado simultáneamente con el desarrollo de un programa de capacitación sobre el nivel de productividad; el grado de absentismo y satisfacción de los trabajadores.

El número de grupos que se forman en un diseño factorial es igual a todas las posibles combinaciones que surjan al cruzar los niveles de una variable independiente con los niveles de las otras variables. Así, un diseño 2 x 2 (dos variables independientes y dos variables dependientes) requiere cuatro grupos; un diseño 3 x 2 (tres variables independientes y dos variables dependientes) requiere seis grupos.

Los sujetos o unidades de prueba en los diseños factoriales se asignan aleatoriamente.

PREGUNTAS DE REPASO Y ANÁLISIS

1. ¿Qué son los diseños de investigación?

2. ¿Cómo se clasifican los diseños y en qué consiste cada uno?

3. Comente la relación entre objetivos de la investigación, tipo de estudio, hipótesis y diseño.

4. Seleccione un tema de investigación e indique el tipo de diseño que considera más adecuado para desarrollarla. Justifique la respuesta.

5. Consulte con docentes del área de producción, calidad total, reingeniería y conducta humana en las organizaciones, acerca de investigaciones en esas áreas, en las que se hayan usado diseños de investigación; consulte los documentos referidos si existen, y analice los diseños de investigación.

6. Consulte en bibliotecas y centros de investigación y revise publicaciones sobre investigación en las organizaciones e identifique investigaciones en las que se hayan utilizado diseños de investigación.

7. En grupo, analicen la información obtenida en los puntos 1 a 6.

9

POBLACIÓN O MUESTRA

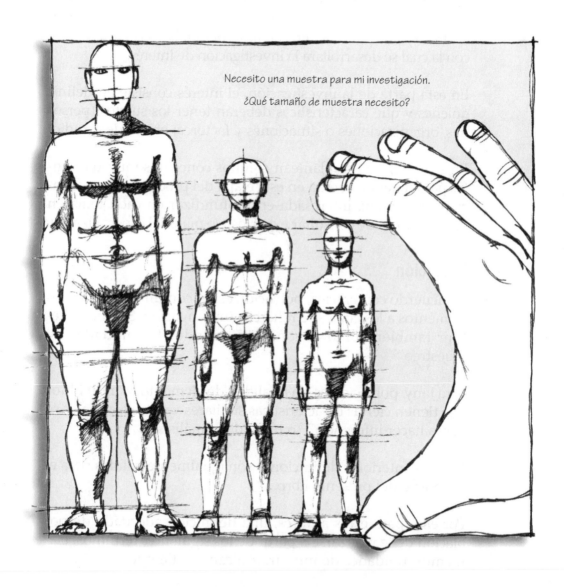

¿ES REPRESENTATIVA MI MUESTRA?

7.9. DETERMINAR LA POBLACIÓN Y LA MUESTRA OBJETO DE ESTUDIO

Una vez concebida la idea de investigación, tener claridad sobre el problema que se va a investigar, plantear los objetivos que se espera lograr, contar con una justificación para desarrollar el estudio, tener un fundamento teórico, plantear la hipótesis o preguntas de investigación, definir el tipo y el diseño de la investigación, el otro aspecto por tener en cuenta es definir la *población o muestra* con la cual se desarrollará la investigación de interés.

En esta parte de la investigación, el interés consiste en definir quiénes y qué características deberán tener los sujetos (personas, organizaciones o situaciones y factores) objeto de estudio.

En seguida, sólo se plantean algunos conceptos muy relevantes para tener en cuenta en esta etapa del proceso de investigación (la persona interesada en profundizar en cada tema en particular puede consultar expertos y/o material especializado).

7.9.1. Población

De acuerdo con Fracica, población es "el conjunto de todos los elementos a los cuales se refiere la investigación. Se puede definir también como el conjunto de todos las unidades de muestreo"[24].

Para Jany, población es "la totalidad de elementos o individuos que tienen ciertas características similares y sobre las cuales se desea hacer inferencia"[25] o unidad de análisis.

Las dos anteriores definiciones son igualmente válidas para el propósito del presente libro.

Por ello, para estos autores, una definición adecuada de población debe realizarse a partir de los siguientes términos: elementos, unidades de muestreo, alcance y tiempo.

---

[24] FRACICA N., Germán, *Modelo de simulación en muestreo*, Universidad de la Sabana, Bogotá, 1988, p. 36.

[25] JANY E., José Nicolás, *Investigación integral de mercados*, McGraw-Hill, Bogotá, 1994, p. 48.

Si desea hacerse un análisis del sector del cuero y el calzado en su país, la población podría ser:

- Alcance: cinco principales ciudades capitales.
- Tiempo: de 1990 a 1998.
- Elementos: todas las empresas del sector del cuero y calzado ubicadas en el territorio nacional.
- Unidades de muestreo: todas las empresas del sector del cuero y calzado en el país.

7.9.2. Marco muestral

Se refiere a la lista, el mapa o la fuente de donde pueden extractarse todas las unidades de muestreo o unidades de análisis en la población, y de donde se tomarán los sujetos objeto de estudio.

7.9.3. Muestra

Es la *parte* de la población que se selecciona, y de la cual realmente se obtiene la información para el desarrollo del estudio y sobre la cual se efectuarán la medición y la observación de las variables objeto de estudio.

- **Pasos en la selección de una muestra**

  Siguiendo el esquema de Kinnear y Taylor, los siguientes son los pasos para definir una muestra[26]:

  a. Definir la población.
  b. Identificar el marco muestral.
  c. Determinar el tamaño de la muestra.
  d. Seleccionar un procedimiento de muestreo.
  e. Seleccionar la muestra.

- **Variables de la población y su medición**

  Para Fracica, "uno de los aspectos fundamentales para la realización de una investigación es la necesidad de conocer cier-

---

[26] KINNEAR , Thomas y TAYLOR, James, *Investigación de mercados*, McGraw-Hill, México, 1993, p. 366.

tas *características* de la población objeto de estudio", a las cuales "se les conoce como variables y pueden ser de tipo cuantitativo o cualitativo"[27].

Estas variables son analizadas a partir de sus necesidades, ya sea en términos de datos de promedios o totales para las variables cuantitativas, y de proporciones o totales para las variables cualitativas.

Ejemplos de variables cualitativas y cuantitativas de la población

- Un estudio está interesado en conocer la opinión de los usuarios respecto a un nuevo producto. La variable opinión es una variable cualitativa y los datos se analizarán en términos de proporciones. Por ejemplo, 20% de los encuestados opinarán favorablemente sobre la calidad del producto.

- Un estudio interesado en conocer el volumen de producción del sector automotor y sus variaciones durante los últimos tres años.

La variable volumen de producción es una variable cuantitativa y su análisis se realizará en términos de promedios o de totales. Por ejemplo, el volumen de producción del sector automotor de los últimos tres años fue de 30 000 vehículos, promedio anual; la producción total ascendió a 90 000 vehículos durante los tres años.

7.9.4. Tamaño de la muestra

En la investigación científica, el *tamaño de la muestra* debe estimarse siguiendo los criterios que ofrece la estadística, y por ello es necesario conocer algunas técnicas o métodos de muestreo.

El método de muestreo utilizado para estimar el tamaño de una muestra depende del tipo de investigación que desea realizarse y, por tanto, de las hipótesis y del diseño de investigación que se hayan definido para desarrollar el estudio.

---

[27] FRACICA N., Germán, *op. cit.*, p. 46.

7.9.5. Métodos de muestreo

Existen varias clasificaciones para los métodos de muestreo. Para Weiers, las más usadas son: diseños probabilísticos y no probabilísticos y diseños por atributos y por variables[28]; la primera de éstas es la más usual.

Cuadro 5. MÉTODOS DE MUESTREO

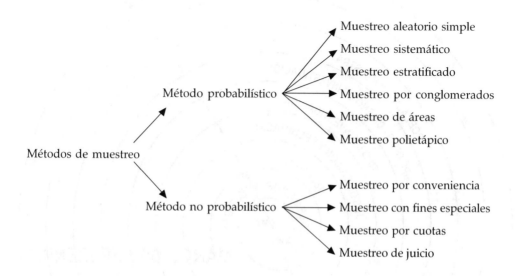

Fuente:WEIERS, Ronald, *Investigación de mercados*, Prentice Hall, México, 1986.

Así, de acuerdo con cada método de muestreo, existen criterios diferentes para estimar el tamaño de la muestra.

---

[28] WEIERS, Ronald M., *Investigación de mercados*, Prentice Hall, México,1986, p. 102.

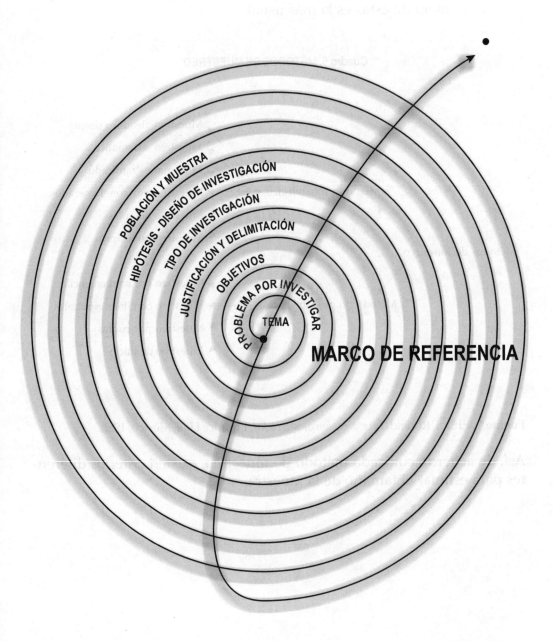

POBLACIÓN Y MUESTRA

HIPÓTESIS - DISEÑO DE INVESTIGACIÓN

TIPO DE INVESTIGACIÓN

JUSTIFICACIÓN Y DELIMITACIÓN

OBJETIVOS

PROBLEMA POR INVESTIGAR

TEMA

MARCO DE REFERENCIA

Gráfica 11

EJEMPLOS QUE ILUSTRAN CÓMO ESTIMAR EL TAMAÑO DE UNA MUESTRA ESTADÍSTICA

Muestreo aleatorio simple

Ejemplo 1

Suponga que usted es contratado por una agencia de turismo interesada en conocer los hábitos turísticos de los visitantes a la ciudad de..., con el propósito de ofrecer un mejor servicio.

Para tal fin, usted procedió a elaborar un cuestionario dirigido a los turistas de la zona, el cual va a aplicarse en una temporada alta, como diciembre.

Para su encargo, usted necesita encuestar una muestra de turistas y para ello tomará un tamaño de muestra mediante un sistema de muestreo aleatorio simple, cuya fórmula es:

$$n = \frac{Z^2{}_{\alpha/2} S^2}{\varepsilon^2}$$

Donde:

n: = tamaño necesario de la muestra.

$Z_{\alpha/2}$ = margen de confiabilidad o número de unidades de desviación estándar en la distribución normal que producirá el nivel deseado de confianza (para una confianza de 95% o un $\alpha = 0,05$, $Z = 1,96$; para una confianza de 99% o un $\alpha = 0,01$, $Z = 2,58$).

S = desviación estándar de la población (conocida o estimada a partir de anteriores estudios o de una prueba piloto).

ε = error o diferencia máxima entre la media muestral y la media de la población que se está dispuesto a aceptar con el nivel de confianza que se ha definido.

Para este caso, usted ha decidido tomar un margen de confiabilidad de 95% $(1-\alpha)$ (que corresponde a $Z = 1,96$), con desviación estándar $S = 0,4$, un error de estimación $E = 5\%$ y se supone que no conoce el tamaño de la población (N = infinito).

Entonces, el número de turistas por encuestar, si la población N no se conoce, sería:

$$n = \frac{Z^2{}_{\alpha/2}S^2}{\varepsilon^2} = \frac{(1,96)^2(0,4)^2}{(0,05)} = \frac{(3,84)(0,16)}{0,0025} = \frac{0,61}{0,0025}$$

$$n \cong 246 \text{ turistas}$$

El valor obtenido de n indica que se necesitará encuestar 246 personas que visiten en calidad de turistas a la ciudad, para tener una información confiable respecto a los hábitos de los turistas en esta ciudad.

Ahora, si usted conoce el tamaño de la población (N), entonces, la fórmula que va a utilizar para estimar el tamaño de la muestra mediante el sistema de muestreo aleatorio simple sería:

$$n = \frac{S^2}{\dfrac{\varepsilon^2}{Z^2} + \dfrac{S^2}{N}}$$

Donde:

N = tamaño de la población.

Suponga que el número total de turistas que visitarán la ciudad, cuando se realiza la encuesta, es de 2 000 turistas; el tamaño de la muestra sería:

$$n = \frac{S^2}{\dfrac{\varepsilon^2}{Z^2} + \dfrac{S^2}{N}} = \frac{(0,4)^2}{\dfrac{(0,05)^2}{(1,96)^2} + \dfrac{(0,4)^2}{2\,000}} \cong 219 \text{ turistas}$$

Con una población de 2 000 turistas, usted necesita entrevistar 219 personas para obtener información confiable respecto a los hábitos del turismo en la ciudad.

Ejemplo 2

Una institución prestadora de servicios de salud está interesada en conocer el gasto anual promedio que una población destina al pago de salud prepagada. ¿Cuál debe ser el número de personas que se tienen que entrevistar?

La empresa desea tener un nivel de confianza de 95%, con un error de estimación de $50 000 de la verdadera media de la población; los estudios previos han mostrado que la desviación estándar de la población es aproximadamente de $550 000.

Si se supone que no conocemos el tamaño de la población (N = infinito), entonces el tamaño de la muestra sería:

$$n = \frac{Z^2_{\alpha/2}S^2}{\varepsilon^2}$$

Donde:

n = tamaño necesario de la muestra.
$Z_{\alpha/2} = 1,96$
$S = \$550\ 000$
$E = \$50\ 000$

$$n = \frac{Z^2_{\alpha/2}S^2}{\varepsilon^2} = \frac{(1,96)^2(550\ 000)^2}{(50\ 000)^2} \cong 465\ \text{personas}$$

Esto indica que la empresa interesada en el estudio necesita entrevistar 465 personas para conocer el gasto anual promedio que dicha población destina al pago de salud prepagada.

Si suponemos que el tamaño de la población con la que se realizará la encuesta consta de 25 000 personas con el servicio de salud prepagada, entonces el tamaño de la muestra que se va a entrevistar será el siguiente:

$$n = \frac{S^2}{\frac{\varepsilon^2}{Z^2}+\frac{S^2}{N}} = \frac{(550\ 000)^2}{\frac{(50\ 000)^2}{(1,96)^2}+\frac{(550\ 000)^2}{25\ 000}} \cong 457\ \text{personas}$$

Con una población de 25 000 personas usuarias del servicio de salud prepagada, la empresa interesada en el estudio necesita encuestar 457 personas con pago anual en salud prepagada para conocer el pago promedio anual en salud de la población.

Muestreo proporcional

Ejemplo

Suponga que una compañía de seguros cuenta con 200 asegurados en el país. Por una investigación piloto se supo que 73% de las personas aseguradas declaran una excelente aceptación de los seguros de la empresa. Ésta desea conocer el grado de aceptación de un nuevo seguro con un margen de confiabilidad de 95% y un error de estimación de 5%. Calcule el tamaño de muestra de los asegurados para este nuevo tipo de producto.

$$n = \frac{Z^2_{\alpha/2}PQN}{\varepsilon^2(N-1)+Z^2PQ} = \frac{(1,96)^2(0,73)(0,27)(200)}{(0,05)^2(200-1)+(1,96)^2(0,73)(0,27)} \cong 121 \text{ personas}$$

Donde:

n = tamaño de la muestra necesaria.

$Z_{a/2}$ = 1,96

P = probabilidad de que el evento ocurra 0,73 ó 73%.

Q = probabilidad de que el evento no ocurra
1-P= 1-0,73= 0,27 ó 27%.

ε = 0,05 ó 5%

N: tamaño de la población: 200 asegurados.

La empresa necesita entrevistar a 121 de sus asegurados para conocer el grado de aceptación de su nuevo producto.

Ahora, cuando no se conoce la probabilidad de ocurrencia de un evento, a P se le da un valor máximo que es de 0,5, lo mismo que a Q, e igualmente E no debe ser mayor de 6%.

Para el caso de la empresa de seguros, el tamaño de la muestra, si no se conoce P (porcentaje de personas con buena aceptación por los seguros de la compañía), la fórmula sería:

$$n = \frac{Z^2_{\alpha/2} PQN}{\varepsilon^2 (N-1) + Z^2 PQ} = \frac{(1,96)^2 (0,5)(0,5)(200)}{(0,05)^2 (200-1) + (1,96)^2 (0,5)(0,5)} \cong 134 \text{ personas}$$

El dato 134 dice que la empresa necesitaría entrevistar 134 de sus asegurados para conocer la aceptación de su nuevo producto.

Tamaño de la muestra en el muestreo estratificado

Suponga que estamos interesados en saber cuánto es el promedio anual que invierten en libros los estudiantes de universidad de cierta ciudad, suponiendo que existen universidades de tres estratos, cada una con una variabilidad en su capacidad de compra.

ESTRATO DE LA UNIVERSIDAD	NÚMERO DE ESTUDIANTES	DESVIACIÓN ESTÁNDAR DE LOS ESTRATOS
Universidad del estrato A	7 500 estudiantes	$100 000
Universidad del estrato B	9 700 estudiantes	$60 000
Universidad del estrato C	12 000 estudiantes	$30 000

La desviación se obtuvo de muestras piloto realizadas a estudiantes de universidades de los distintos estratos (el valor $100 000 es la desviación estándar o variación del promedio de gastos en libros entre el que más gasta y el que menos gasta en libros en las universidades de estrato A).

Veamos entonces cuál sería el tamaño de la muestra para cada uno de los estratos, si queremos tener una muestra total de 500 estudiantes:

Donde: $$n_A = \frac{(n)(N_A)(S_A)}{(N_A)(S_A) + (N_b)(S_B) + (N_C)(S_C)}$$

n_A = tamaño óptimo de la muestra que se extrae del estrato A.

n = tamaño total de la muestra.

N_A = número de elementos del estrato A.

S_A = desviación estándar de los elementos en el estrato A.

N_B = número de elementos del estrato B.

S_B = desviación estándar de los elementos en el estrato B.

N_C = número de elementos del estrato C.

S_C = desviación estándar de los elementos en el estrato C.

Número de estudiantes de universidades del estrato A que deben entrevistarse:

$$n_A = \frac{(500)(7\,500)(100\,000)}{(7\,500)(100\,000)+(9\,700)(60\,000)+(12\,000)(30\,000)} \cong 222 \text{ estudiantes}$$

Número de estudiantes de las universidades del estrato B que deben entrevistarse:

$$n_B = \frac{(500)(9\,700)(60\,000)}{(7\,500)(100\,000)+(9\,700)(60\,000)+(12\,000)(30\,000)} \cong 172 \text{ estudiantes}$$

Número de estudiantes de las universidades del estrato C que deben entrevistarse:

$$n_C = \frac{(500)(12\,000)(30\,000)}{(7\,500)(100\,000)+(9\,700)(60\,000)+(12\,000)(30\,000)} \cong 107 \text{ estudiantes}$$

Los datos anteriores indican que, para hacer una encuesta que permita conocer la inversión promedio anual en libros por parte de los estudiantes de las universidades según el estrato, se requiere entrevistar 222 estudiantes de las universidades de estrato A, 172 estudiantes de las universidades de estrato B y 106 estudiantes de las universidades de estrato C, para un total de 500 estudiantes.

PREGUNTAS DE REPASO Y ANÁLISIS

1. ¿Qué son la población y la muestra en una investigación?

2. ¿Cómo se define el tamaño de la muestra representativa de la población objeto de estudio o investigación que se va a realizar?

3. Defina un tema de investigación, establezca el objetivo general y dé un ejemplo de la estimación o cálculo del tamaño de muestra para desarrollar la investigación.

4. Suponga que va a hacer una investigación para conocer la opinión de los clientes respecto a la calidad del servicio prestado por el restaurante JPL, al cual asisten diariamente, en promedio, 370 personas.

   ¿De qué tamaño debe ser la muestra de clientes por entrevistar para que la información obtenida sea representativa?

5. Suponga que va a realizar un diagnóstico sobre la competitividad de las empresas del sector de las artes gráficas. El número de empresas del sector es de 3 900 empresas discriminadas así: 2 180 son pequeñas empresas, 980 son medianas empresas y 740 grandes empresas.

   ¿De qué tamaño debe ser la muestra de empresas por diagnosticar por cada tamaño de empresas si se decide tomar una muestra total de 490 empresas?

10

OBTENCIÓN DE LA INFORMACIÓN

Tengo que entrevistar a todos los gerentes de los hipermercados del país; ¿qué medios utilizaré?

7.10. RECOPILAR LA INFORMACIÓN

Un aspecto muy importante en el proceso de una investigación es el que tiene relación con la obtención de la información, pues de ello dependen la confiabilidad y validez del estudio. Obtener información confiable y válida requiere cuidado y dedicación.

Esta etapa de recolección de información en investigación se conoce también como trabajo de campo.

Estos datos o información que va a recolectarse son el medio a través del cual se prueban las hipótesis, se responden las preguntas de investigación y se logran los objetivos del estudio originados del problema de investigación.

Los datos, entonces, deben ser confiables, es decir, deben ser pertinentes y suficientes, para lo cual es necesario definir las fuentes y técnicas adecuadas para su recolección.

7.10.1 Fuentes de recolección de información

De acuerdo con Cerda, usualmente se habla de dos tipos de *fuentes* de recolección de información: las *primarias* y las *secundarias*[29].

Fuentes primarias: son todas aquellas de las cuales se obtiene información directa, es decir, de donde se origina la información. Es también conocida como información de primera mano o desde el lugar de los hechos. Estas fuentes son las personas, las organizaciones, los acontecimientos, el ambiente natural, etcétera.

Se obtiene información primaria cuando se observan directamente los hechos (presenciar una huelga, observar sistemáticamente el lugar de trabajo, etcétera), cuando se entrevista directamente a las personas que tienen relación directa con la situación objeto del estudio (en el caso de que quiera conocer-

---

[29] CERDA, Hugo, *op. cit.*, p. 231.

se la opinión de los gerentes sobre el impacto de las medidas económicas en la actividad de las empresas, la información directa se genera cuando se entrevista directamente a los gerentes y no cuando se lee en un periódico, un libro, o se escucha en un noticiero).

Fuentes secundarias: son todas aquellas que ofrecen información sobre el tema por investigar, pero que no son la fuente original de los hechos o situaciones, sino que los referencian. Las principales fuentes secundarias para la obtención de la información son los libros, las revistas, los documentos escritos (en general, todo medio impreso), los documentales, los noticieros y medios de información.

En investigación, cualquiera de estas fuentes es válida siempre y cuando el investigador siga un procedimiento sistematizado y adecuado a las características del tema y a los objetivos, al marco teórico, a las hipótesis, al tipo de estudio y al diseño seleccionado.

En investigación, cuanto mayor rigor y exigencia se involucren en el proceso del desarrollo del estudio, más valido y confiable es el conocimiento generado.

7.10.2. Técnicas de recolección de información

En investigación existe gran variedad de técnicas o herramientas para la recolección de información; las más usadas son:

- **Encuesta**: es una de las técnicas de recolección de información más usadas, a pesar de que cada vez pierde mayor credibilidad por el sesgo de las personas encuestadas.

La encuesta se fundamenta en el cuestionario o conjunto de preguntas que se preparan con el propósito de obtener información de las personas.

Nota: dada la importancia de las técnicas de recolección de información, en este libro la parte IV está dedicada a ampliar la información al respecto.

- **Entrevista**: es una técnica orientada a establecer contacto directo con las personas que se consideren fuente de información. A diferencia de la encuesta, que se ciñe a un cuestionario, la entrevista, si bien puede soportarse en un cuestionario muy flexible, tiene como propósito obtener información más espontánea y abierta. Durante la misma, puede profundizarse la información de interés para el estudio.

- **Observación directa**: en el campo de las ciencias económicas y especialmente de las administrativas, la observación directa cada día cobra mayor credibilidad y su uso tiende a generalizarse, debido a que permite obtener información directa y confiable, siempre y cuando se haga mediante un procedimiento sistematizado y muy controlado, para lo cual hoy están utilizándose medios audiovisuales muy completos, especialmente en estudios del comportamiento del consumidor, de las personas en sus sitios de trabajo, etcétera.

- **Análisis de documentos**: técnica basada en fichas bibliográficas que tienen como propósito analizar material impreso. Se usa en la elaboración del marco teórico del estudio.

  Para una investigación de calidad, se sugiere utilizar simultáneamente dos o más técnicas de recolección de información, con el propósito de contrastar y complementar los datos.

- **Internet**: no existe duda sobre las posibilidades que hoy ofrece Internet como una técnica de obtener información; es más, hoy se ha convertido en una de los principales medios para captar información.

7.10.3 Proceso para la recolección de datos

La recopilación de información es un proceso que implica una serie de pasos. Aquí se presenta un esquema general que puede usarse para la recolección de los datos necesarios para responder a los objetivos y para probar la hipótesis de la investigación o ambos.

Estos pasos son los siguientes:

a. Tener claros los objetivos propuestos en la investigación y las variables de la hipótesis (si las hay).

b. Haber seleccionado la población o muestra objeto del estudio.

c. Definir las técnicas de recolección de información (elaborarlas y validarlas).

d. Procesar la información obtenida para luego analizarla y generar conclusiones y discusión de los resultados obtenidos y relacionarla con lo planteado en el marco teórico.

Cuadro 6

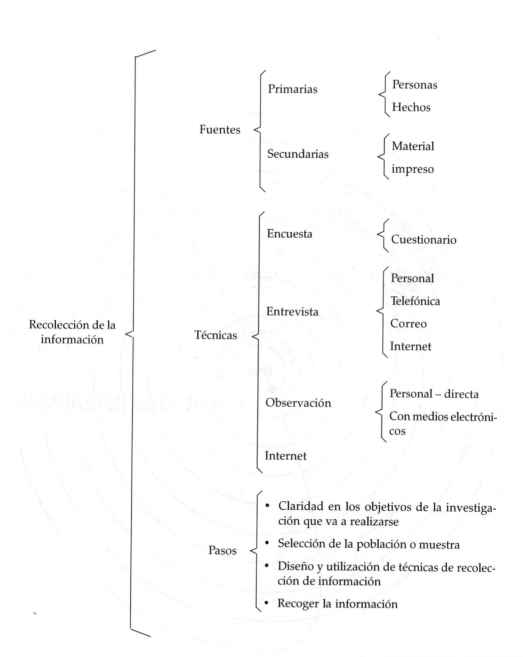

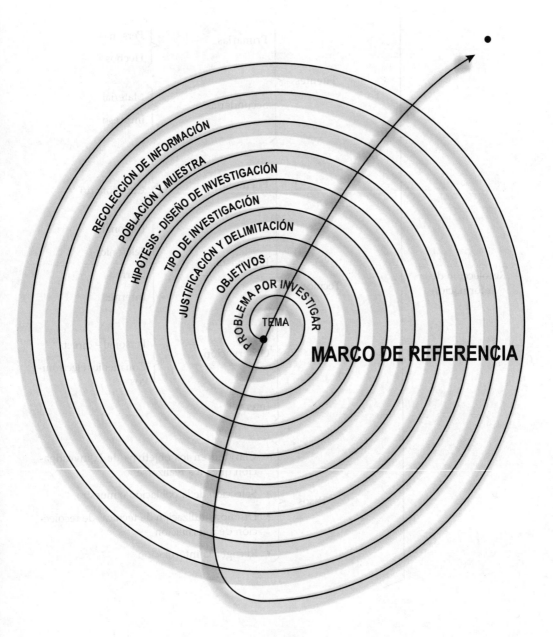

Gráfica 12

PREGUNTAS DE REPASO Y ANÁLISIS

1. Explique el proceso de recolección de la información en una investigación científica.

2. Seleccione un tema de investigación, defina los objetivos e indique el proceso de recolección de información (señale las fuentes y técnicas que va a utilizar).

3. Suponga que va a realizar una investigación encaminada a evaluar los resultados de los programas de calidad total implementados en las empresas del país.

   ¿Cuál sería el proceso más adecuado para la recolección de la información? Indique fuentes y técnicas.

4. Suponga que va a realizar una investigación tendiente a conocer las principales causas de quiebra de las empresas nacionales durante los últimos cinco años.

   ¿Cuál sería el proceso más adecuado para la recolección de la información necesaria para el estudio?

11

PROCESAR LA INFORMACIÓN

¡Qué alegría, ya estoy
procesando los datos!

7.11. PROCESAR LA INFORMACIÓN (DATOS)

Esta parte del proceso de investigación consiste en procesar los datos (dispersos, desordenados, individuales) obtenidos de la población objeto de estudio durante el trabajo de campo, y tiene como fin generar resultados (datos agrupados y ordenados), a partir de los cuales se realizará el análisis según los objetivos e hipótesis o preguntas de la investigación realizada o de ambos.

El procesamiento de datos debe efectuarse mediante el uso de herramientas estadísticas con el apoyo del computador, utilizando alguno de los programas estadísticos que hoy fácilmente se encuentran en el mercado.

7.11.1. Pasos para el procesamiento de datos

Para efectuar un procesamiento de datos se deben seguir los siguientes pasos:

a. Obtener la información de la población o muestra objeto de la investigación.

b. Definir las variables o criterios para ordenar los datos obtenidos del trabajo de campo.

c. Definir las herramientas estadísticas y el programa de computador que va a utilizarse para el procesamiento de datos.

d. Introducir los datos en el computador y activar el programa para que procese la información.

e. Imprimir los resultados.

7.11.2. Herramientas estadísticas para el procesamiento de resultados

El procesamiento de resultados puede efectuarse mediante[*]:

1. **Análisis de Pareto**: es una técnica para estudiar fuentes de problemas y las prioridades relativas de sus causas. Se em-

---

[*] En el anteproyecto, en los pasos 10 y 11, sólo se plantean las ideas específicas para realizarlos.

plea frecuentemente para evaluar causas de problemas de calidad en programas de TQM.

2. **Diagrama de causa/efecto** (espina de pescado): es una gráfica mediante la cual los miembros de un equipo representan, categorizan y evalúan todos los posibles motivos de un resultado o reacción; por lo general, se expresa como un problema para resolver. Se le conoce como diagrama de Ishikaw[30].

3. **Gráficas de control**: se utilizarán para hacer control de calidad de procesos. Según Levin y Rubin, "estas gráficas también se conocen con el nombre de *diagramas de control* y son de varios tipos"[31]:

- Diagrama $\overline{X}$ o diagramas de control para medias de procesos.

- Diagramas R o diagramas de control para variabilidad de procesos.

- Diagramas ρ o diagramas de control para atributos.

4. **Distribución de frecuencias y representaciones gráficas**: según Mason y Lind, "la distribución de frecuencias es el agrupamiento de datos en categorías que muestran el número de observaciones de cada categoría"[32]. En otras palabras, una distribución de frecuencias indica el número de veces que ocurre cada valor o dato en una tabla de resultados de un trabajo de campo.

- *Histogramas*: son medios gráficos para representación de la distribución de frecuencias.

- *Polígonos de frecuencia*: al igual que el histograma, son gráficas que permiten obtener una imagen rápida de las prin-

[30] HELLRIEGEL, Don y SLOCON, John, *Administración*, Thomson Editores, Madrid, p. 320.
[31] LEVIN, Richard y RUBIN, David, *Estadística para administradores*, Prentice Hall, México, 1996, pp. 528-542.
[32] MASON, Robert y LIND, Douglas A., *Estadística para administración y economía*, Alfaomega, Bogotá, 1997, p. 24.

cipales características de los datos de una distribución de frecuencias.

- *Gráficas de barras o pay*: son formas distintas de representar los datos de una investigación.

5. Medidas de tendencia central

- *La media*: es la sumatoria de un conjunto de puntajes dividida por el número total de los mismos.

- *La moda*: es el puntaje que ocurre con mayor frecuencia en una distribución de datos.

- *La mediana*: es el valor que divide a una distribución de frecuencias por la mitad, una vez ordenados los datos de manera ascendente o descendente.

6. Medidas de dispersión

- *Varianza*: es la suma de las desviaciones de la media elevadas al cuadrado, dividida entre el número de observaciones menos uno.

- *Desviaciones estándares*: es la cantidad promedio en que cada uno de los puntajes individuales varía respecto a la media del conjunto de puntajes.

7. Pruebas estadísticas

- *Prueba t de Student*: es un estadístico de prueba que se utiliza cuando las poblaciones son pequeñas ($n \leq 30$).

- *Prueba Z*: es una prueba de distribución normal, que tiene que ver con la probabilidad de que un puntaje dado de una medición aparezca en una distribución.

- *Análisis de varianza*: es una prueba estadística para analizar si más de dos grupos difieren significativamente entre sí, en cuanto a sus medidas y varianzas.

- *Análisis de covarianza*: es una prueba que se usa para analizar la existencia o no de relación entre una variable dependiente y dos o más independientes.

- *Chi cuadrado*: es una prueba estadística que permite probar si más de dos proporciones de población pueden ser consideradas iguales o, en otras palabras, nos permite probar si dichas proporciones no presentan diferencias significativas.

- **Análisis de regresión y correlación.**

- **Análisis de regresión múltiple.**

- **Análisis de factores.**

- **Análisis multivariado de varianza (Manova).**

Como se ha mencionado, en un proceso de investigación científica, en la actualidad los análisis estadísticos se realizan mediante el uso de programas estadísticos por computador, como el Stapgraphic o el SPSS.

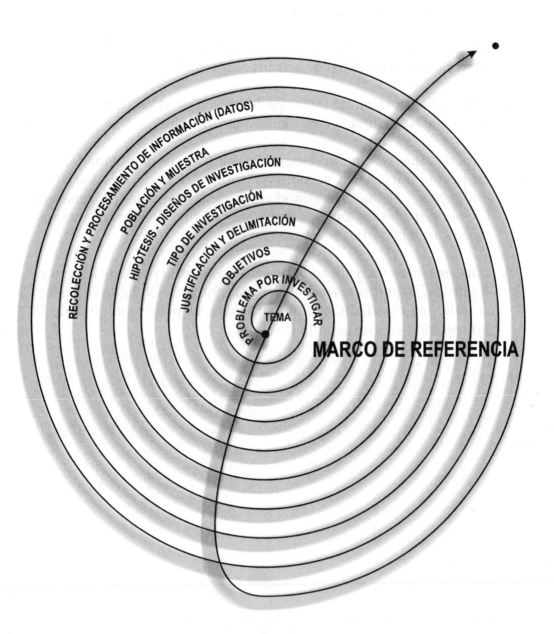

Gráfica 13

PREGUNTAS DE REPASO Y ANÁLISIS

1. Explique en qué consiste el procesamiento de la información en un proyecto de investigación.

2. ¿Cuáles son las principales herramientas estadísticas utilizadas para el procesamiento de los resultados?

3. ¿De qué depende el uso de una u otra herramienta estadística en el procesamiento de datos de una investigación?

4. Seleccione un tema de investigación y señale el procesamiento de datos que haría, una vez recogida la información.

5. Suponga que en una investigación sobre la competitividad de las empresas nacionales se obtuvo información de seis variables endógenas y se quiere medir el efecto de las variables exógenas sobre las variables endógenas. Explique qué tipo de herramientas estadísticas deben utilizarse para ello.

6. Suponga que está realizando un estudio sobre el perfil de los gerentes de las 500 empresas nacionales más grandes. Explique cuáles herramientas estadísticas empleará para el procesamiento de la información en este estudio.

EJEMPLOS PARA EL PROCESAMIENTO DE DATOS CON EL USO DE HERRAMIENTAS ESTADÍSTICAS

1. Distribución de frecuencias

Una *distribución de frecuencias* es un conjunto de puntuaciones presentadas en una tabla de manera ordenada, según características definidas por el investigador.

Ejemplo

Los datos presentados en la tabla 1 son el resultado de una investigación cuyo propósito era conocer el nivel de desempleo de una importante ciudad de su país, según el sexo y el nivel académico de las personas desempleadas.

Tabla 1. Nivel de desempleo en la ciudad Kío, según sexo y nivel académico de la población

Nivel académico del desempleado	Sexo			
	Hombres	Mujeres	Total	
			No.	%
Profesional	740	987	1 727	13,7
Técnico profesional	580	470	1 050	8,3
Bachiller	2 300	2 950	5 250	41,5
Sin bachillerato	2 190	2 420	4 610	36,5
Total	5 810	6 827	12 637	100,0
Porcentaje	46%	54%		

Interpretación:

Los datos de la tabla 1 muestran que de un total de 12 637 personas desempleadas entrevistadas en la ciudad Kío, el mayor índice de desempleo se da entre bachilleres (41,5%), seguido de personas con nivel educativo inferior al bachillerato (36,5%) y el menor nivel de desempleo se da en el de técnicos profesionales (8,3%). En relación con el sexo, el mayor desempleo en la ciudad se presenta en las mujeres con 54% del total de los entrevistados.

2. Histogramas

Las distribuciones de frecuencia se presentan muy a menudo en forma de figuras gráficas denominadas histogramas (gráficas de barras) o en gráficas circulares.

Para el caso del ejemplo de la investigación sobre el desempleo en la ciudad Kío, la gráfica de barras o histograma puede presentarse así:

**DESEMPLEO EN LA CIUDAD DE KÍO,
SEGÚN NIVEL ACADÉMICO Y SEXO DE LAS PERSONAS**

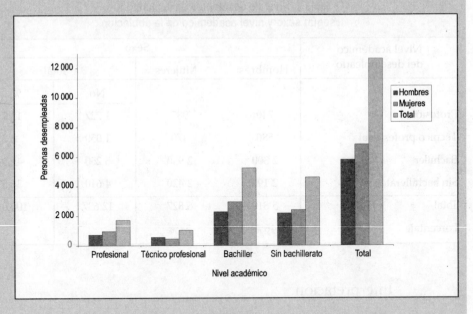

Gráfica 1.

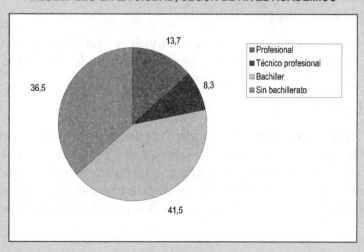

NIVEL ACADÉMICO FRENTE AL TOTAL
DESEMPLEO EN LA CIUDAD, SEGÚN EL NIVEL ACADÉMICO

13,7

8,3

36,5

41,5

■ Profesional
■ Técnico profesional
▨ Bachiller
▨ Sin bachillerato

Gráfica 2

3. Medidas de tendencia central

Las medidas de *tendencia central* son cantidades típicas o representativas de un conjunto de datos; las principales medidas son: moda, mediana y media o promedio.

• *La moda* es la categoría o puntuación que ocurre con mayor frecuencia en un registro de datos.

Ejemplo

Un gerente de un supermercado ha realizado una investigación tendiente a medir el número de veces por mes que las mismas personas visitan sus almacenes y ha encontrado los siguientes resultados:

Tabla 2. Visitas por mes a los almacenes TLP

NÚMERO DE PERSONAS ENTREVISTADAS	NÚMERO DE VISITAS POR MES
520	3
750	2
670	4

En este caso, la moda es 2 veces, porque es el número que más se repite, ya que 750 personas dicen visitar dos veces en el mes el supermercado TLP.

- *La mediana* es el valor que divide a una distribución de frecuencias por la mitad, una vez ordenados los datos de manera ascendente o descendente.

Ejemplo

Un investigador interesado en conocer el número promedio de consumo de litros de cerveza por persona en los habitantes de la ciudad de Building, realizó un estudio exploratorio en un expendio de cerveza, donde entrevistó a 21 personas y encontró los siguientes resultados que aparecen en la tabla 3.

Tabla 3. Consumo promedio per cápita mensual de cerveza de los habitantes de Building

No. de personas entrevistadas	1	2	3	4	5	6	7	8	9	10	11	12	13	14	15	16	17	18	19	20	21
No. de litros de cerveza consumida	5	6	7	7	7	7	8	8	9	9	9	9	10	11	11	12	13	14	15	15	17

10 entrevistados   10 entrevistados

mediana

Para este caso, la mediana es el dato de la posición 11 (en este caso 9 litros de cerveza) que indica que la población encuestada consume el equivalente de 9 litros de cerveza mensualmente.

- *La media* o el promedio es la medida de tendencia central más utilizada y se define como el promedio aritmético de una distribución. Usualmente se simboliza como $\overline{X}$, y es la suma de todos los valores de una medición dividida por el número de mediciones.

La fórmula para estimar el promedio puede representarse así:

$$\overline{X} = \frac{x_1 + x_2 + x_3 + ... + x_n}{n} \quad \text{ó} \quad \overline{X} = \frac{\sum\limits_{i=1}^{n} X_i}{n}$$

Donde:

$X_i =$ cada uno de los datos de la medición.

$n =$ número de datos sumados.

Ejemplo

Siguiendo el caso del consumo promedio per cápita de litros de cerveza por los habitantes de Building, el promedio es el siguiente:

$$\overline{X} = \frac{6+8+13+7+8+5+9+11+7+15+12+9+10+7+15+9+11+9+17+14+7}{21} = 9,95$$

Interpretación: los datos de la encuesta a 21 personas de Building indican que el promedio per cápita de consumo mensual de cerveza en esta ciudad es de 10 litros de cerveza, aproximadamente.

4. Medidas de dispersión

Las medidas de *dispersión* que se emplean con mayor frecuencia incluyen la desviación estándar, la varianza y el rango. Las medidas de dispersión indican cuán "dispersos" o separados se encuentran los datos, respecto a un valor central.

• Rango o intervalo

El *rango* es la más elemental de las medidas de tendencia central; consiste simplemente en la distancia entre los dos valores más extremos de una medición.

Ejemplo

Siguiendo el caso del consumo promedio per cápita mensual de litros de cerveza por los habitantes de Building, el rango se calcula así:

Tomamos el mayor valor de litros de cerveza consumido y le restamos el menor valor de todos los entrevistados; en este caso, los valores son:

17 litros de cerveza – 6 litros de cerveza = 11 litros de cerveza

Esto significa que existe una diferencia de 11 litros de cerveza entre la persona que más la consume al mes y la que menos consume en dicha ciudad.

• **Desviación estándar**

La *desviación estándar* es el promedio de desviaciones o dispersiones de las puntuaciones respecto a la media o promedio. Es decir, la desviación estándar permite medir el grado de homogeneidad o heterogeneidad de los datos de la población objeto de medición. Cuanto mayor sea la dispersión de los datos respecto a la media, mayor será la desviación estándar, lo cual significa mayor heterogeneidad en las mediciones.

La fórmula para calcular la desviación estándar de una muestra de observaciones es:

$$S = \sqrt{\frac{\sum_{i=1}^{n}(x_i - \overline{X})^2}{n-1}}$$

Donde:

S = desviación estándar.
X_i = valor de cada una de las mediciones.
$\overline{X}$ = media de la muestra de mediciones.
n = tamaño de la muestra.

Ejemplo 1

Continuando con el estudio sobre consumo promedio per cápita mensual de litros de cerveza por los habitantes de Building, la desviación estándar se calcula así:

Tabla 4. Consumo promedio mensual de cerveza en la ciudad de Building

No. de encuestado	Litros de cerveza X_i	$(X_i - \overline{X})^2$
1	6	15,21
2	8	3,61
3	13	9,61
4	7	8,41
5	8	3,61
6	5	24,01
7	9	0,81
8	11	1,21
9	7	8,41
10	15	26,01
11	12	4,41
12	9	0,81
13	10	0,01
14	7	8,41
15	15	26,01
16	9	0,81
17	11	1,21
18	9	0,81
19	17	50,41
20	14	16,81
21	7	8,41
Suma		219,01

$$S = \sqrt{\frac{219,01}{20}} = 3,30 \text{ litros de cerveza}$$

Interpretación del resultado:

El consumo promedio per cápita mensual de litros de cerveza de la muestra de la población de Building se dispersa en promedio, respecto a la media, en 3,30 litros de cerveza.

Ejemplo 2

El siguiente es otro ejemplo de interpretación del valor de la desviación estándar:

Supongamos que usted realizó una investigación cuyo propósito fue conocer el número de quejas promedio mensual efectuadas por los clientes sobre la calidad del servicio prestado en un hotel localizado en la ciudad de Ameranta. Para la muestra de los últimos 6 meses, usted obtuvo una media, $\overline{X} = 79$ quejas por mes y una desviación estándar $S = 16$ quejas mes.

La interpretación es que el número mensual de quejas de la muestra se dispersan –en promedio, respecto al promedio– en 16 quejas.

• **Varianza**

Se define la *varianza* como la desviación estándar elevada al cuadrado.

5. Prueba *Z*

La prueba Z es una prueba de distribución normal que tiene como fin comparar los puntajes de distribuciones que son diferentes entre sí.

Para Salkind, "los valores de los *puntajes* Z tienen que ver con la probabilidad de que un puntaje dado aparezca en una distribución"[33].

El valor de Z es el resultado de dividir la desviación de un puntaje individual respecto a la media, entre la desviación estándar, utilizando la fórmula siguiente:

La fórmula para calcular la prueba Z es:

$$Z = \frac{x_i - \overline{X}}{S}$$

Donde:

X_i = puntuación o valor de medición para trasformar en unidades de desviación estándar.

$\overline{X}$ = media de la distribución o promedio de las mediciones.

---

[33] SALKIND, Neil, *op. cit.*, p. 177.

S = la desviación estándar de las mediciones o datos obtenidos.

Z = puntuación de la medición trasformada a unidades de desviación estándar.

La estandarización de valores permite comparar puntuaciones de dos distribuciones diferentes.

Veamos un ejemplo de aplicación de las puntuaciones Z o estandarización de mediciones.

Ejemplo

Supongamos que va a compararse una distribución obtenida en la medición del valor promedio mensual de gastos per cápita en alimentación por los habitantes de una ciudad A, con una distribución de medición de la misma variable en la ciudad B.

Supongamos también que un habitante de la ciudad A gasta en promedio mes para el rubro alimentación $270 000 (la media de gasto en alimentación para esta ciudad es de $305 000 y la desviación estándar de $39 000), en la ciudad B, otro habitante destina en alimentación $295 000 por mes (el promedio de gasto mensual per cápita de los habitantes de la ciudad B es de $285 000 con una desviación estándar de $30 000).

¿Está en mejores condiciones de gasto en alimentación el habitante de la ciudad B respecto al de la ciudad A?

Veamos:

$$Z_A = \frac{270\,000 - 305\,000}{39\,000} = -0,89$$

$$Z_B = \frac{295\,000 - 285\,000}{30\,000} = -0,33$$

Como los valores de Z tanto para la ciudad A como para la ciudad B son inferiores a 1,96, entonces no existen diferencias significativas entre el gasto del habitante de una ciudad respecto a la otra, porque ambos están alrededor del valor Z = 1,96.

Aparecen diferencias cuando uno de los valores Z es inferior a 1,96 y el otro superior.

En la distribución de puntuaciones Z estos valores se ubican así:

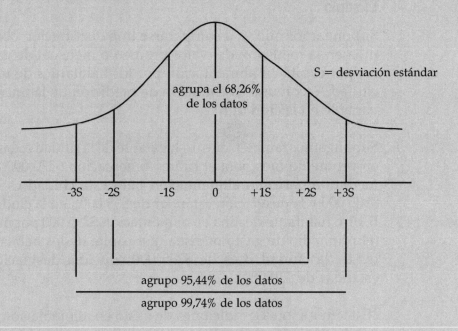

Gráfica 3

PRUEBA DE HIPÓTESIS

Recordemos que una *hipótesis* es una suposición respecto al problema de investigación, y lo que se hace en la prueba de hipótesis es determinar si la proposición es consistente con los datos obtenidos una vez realizada la investigación. Si la hipótesis o proposición no es consistente con los datos obtenidos, se rechaza la hipótesis.

Pasos para probar las hipótesis

a. **Formulación de la hipótesis**. Las hipótesis se plantean de dos maneras fundamentales: la hipótesis nula H_o y la hipótesis alterna H_A. Por ejemplo, el gerente del banco XPQ considera que sus procedimientos operativos garantizan que el cliente promedio sólo tiene que esperar 7 minutos en la fila de los cajeros mientras es atendido.

La hipótesis nula y la hipótesis alterna pueden formularse de la siguiente manera:

Hipótesis nula H_o: tiempo promedio de espera en la fila para ser atendido = 7 minutos.

Hipótesis alterna H_A: tiempo medio de espera en la fila para ser atendido ≠ 7 minutos.

b. **Elección de la prueba estadística adecuada**. Es muy importante saber que para la prueba de hipótesis existen varias pruebas estadísticas por lo que el investigador debe escoger la apropiada teniendo en cuenta las características del caso que va a investigar.

c. **Definir el nivel de significancia**. Por ejemplo: $\alpha = 0,05$.

d. **Recolectar los datos con una muestra representativa**. En el caso del estudio del tiempo de espera por los clientes del banco XPQ, se lleva a cabo una investigación con base en la observación en momentos aleatorios de 850 clientes en oficinas del banco elegidas aleatoriamente. El tiempo promedio de espera de los clientes fue de 8,2 minutos y la desviación estándar de 2,6 minutos.

e. **Estimar la desviación estándar de la distribución muestral de la media**. Se utiliza la siguiente fórmula:

$$S_x = \frac{s}{\sqrt{n}}$$

Donde:

S_x = desviación estándar de la distribución muestral de la media.

$S =$ desviación estándar de la muestra.

$n =$ tamaño de la muestra.

Entonces:

$$S_x = \frac{2,6}{\sqrt{850}} = 0,089$$

Para trasformar la media de la muestra en una puntuación Z, en el contexto de la distribución muestral:

$$Z = \frac{x - \overline{X}}{S_x} = \frac{8,2 - 7,0}{0,089} = 13$$

Entonces, se compara el valor calculado (en este caso $Z = 13$) con el valor crítico de la prueba estadística (tomada de la tabla para valores Z) según el nivel de significación elegido. Si el valor calculado ($Z = 13$) es menor que el valor crítico ($Z = 1,96$ con nivel de significancia $\alpha = 0,05$), no se rechaza la hipótesis nula. Si el valor calculado es mayor que el valor crítico, se rechaza la hipótesis nula.

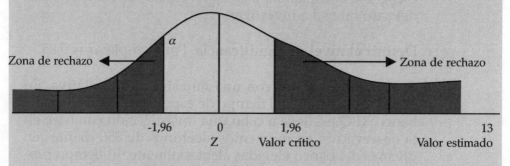

Gráfica 4

f. Decisión estadística

Para el caso en mención, como el valor calculado $Z = 13$ es mayor que el valor crítico (*véase* tabla Z) 1,96, entonces se rechaza la hipótesis nula.

g. Conclusión

Con un nivel de significancia del 0,05 ó 95% de confianza, no es adecuado afirmar que el tiempo promedio de espera en la fila por un cliente del banco XPQ es de 7 minutos.

6. Prueba *t*

La prueba *t* de *Student* es una prueba estadística para evaluar hipótesis en torno a una media cuando los tamaños de la muestra *n* son menores de 30 mediciones ($n < 30$) y se quiere saber si existe diferencia significativa entre la media de la muestra y la media poblacional.

El valor *t* se obtiene mediante la siguiente fórmula:

$$t = \frac{(media\ de\ la\ muestra) - (media\ poblacional\ según\ hipótesis\ nula)}{Error\ estándar\ estimado\ de\ la\ media} = \frac{\overline{X} - \mu}{S_x}$$

Ejemplo para la prueba de hipótesis con la prueba *t*

Supóngase que el gerente comercial de la editorial CABW estima que es necesario vender 750 libros de un determinado título por semestre, en cada una de nueve ciudades del país, para que la venta de los libros sea rentable a la editorial.

El gerente quiere probar la hipótesis de que las ventas por ciudad son superiores a los 750 libros por semestre.

a. Para ello se formulan las siguientes hipótesis:

H_o: las ventas promedio de libros por semestre, por ciudad es menor o igual a 750 libros.

H_A: las ventas promedio de libros por semestre por ciudad es mayor de 750 libros.

Planteada la hipótesis, el siguiente paso es establecer el nivel de significancia (valor de α) permitido. Para $\alpha = 0,05$, el valor tabulado de t (valor crítico) con 8 grados de libertad ($n - 1$, donde *n* es el número de ciudades), $t = 1,86$ (*véase* tabla *t* para 8 grados de libertad).

b. Para obtener la información se efectuó el estimativo en cada una de las nueve ciudades y se encontró que las ventas promedio por semestre fueron de 809 libros con una desviación estándar de 118 libros.

c. Con los datos anteriores se calcula el error estándar de la media S_x con la siguiente fórmula:

$$S_x = \frac{S}{\sqrt{n}} = \frac{118}{\sqrt{9}} = 39,3$$

d. Luego se calcula el valor estadístico de la prueba t.

$$t = \frac{(media\ de\ la\ muestra) - (media\ poblacional\ según\ hipótesis\ nula)}{Error\ estándar\ estimado\ de\ la\ media}$$

$$t = \frac{809 - 750}{39,3} = 1,50$$

Para saber si se rechaza o no la hipótesis nula, es necesario comparar el valor t estimado ($t=1,50$) con el valor t crítico o valor en tabla ($t=1,86$).

e. Decisión

Como el valor t estimado ($t=1,50$) es menor que el valor t crítico ($t=1,86$), entonces la hipótesis nula no se rechaza.

f. Conclusión

Aunque las ventas medias por semestre ($X = 809$ libros) son superiores a 750 libros, la diferencia basada en la muestra de 9 ciudades no es estadísticamente significativa. Según estos datos, la decisión de vender el volumen estimado de libros no es efectiva, lo que indica que la venta de libros puede ser inferior a 750 libros semestrales por ciudad.

7. Hipótesis sobre proporciones

El gerente de uno de los hoteles importantes de la ciudad CTMC llevó a cabo una encuesta entre 450 turistas que visitaban la ciudad y encontró que 73% de encuestados gastaban valores superiores a US$3 500 al año en sus visitas a la ciudad y que estarían interesados en utilizar los servicios del hotel.

La compañía está interesada en desarrollar un paquete especial de servicios para este grupo de turistas si los datos son reales.

El hotel desarrollaría su plan si el porcentaje verdadero de turistas con gastos superiores a los US$ 3 500 es mayor al 60%.

a. Se plantea la hipótesis de trabajo:

Hipótesis nula $H_o = P \leq 60\%$ ó $H_o \leq 0{,}60$.

Hipótesis alterna $H_A = P > 60\%$ ó $H_a > 0{,}60$.

Donde P = proporción de turistas con gastos superiores a US$3 500 al año en sus visitas a la ciudad CTMC.

b. Se establece el nivel de significancia (valor α) permitido. Para $\alpha = 0{,}05$, el valor tabulado de Z (valor crítico) = 1,64 (consultar tabla para valores Z, una sola cola).

c. Se calcula el error estándar estimado empleando el valor P especificado en la hipótesis nula.

$$S_p = \sqrt{\frac{P(1-P)}{n}} = \sqrt{\frac{(0{,}60)(0{,}40)}{450}} = 0{,}02309$$

d. Se calcula la prueba estadística como sigue:

$$Z = \frac{\hat{P}-P}{S_p} = \frac{0{,}73-0{,}60}{0{,}02309} = 5{,}6301$$

e. Decisión: como el valor calculado para Z = 5,63 es mayor que el valor crítico de Z (1,64), se rechaza la hipótesis nula.

f. Conclusión

Por los datos obtenidos en el estudio, se concluye que con un nivel de confianza de 95% (1 - α = 0,95), más de 60% de los turistas de la ciudad CTCM realizan gastos superiores a US$3 500 al año en sus viajes a esta ciudad. Por tanto, la gerencia puede introducir el paquete de servicios en su hotel y dirigirlos a este grupo de turistas.

8. Prueba chi cuadrado para prueba de hipótesis

La prueba de chi cuadrado (X^2) permite determinar si el patrón de frecuencia observado corresponde o se ajusta al patrón esperado; también sirve para evaluar hipótesis acerca de la relación entre dos variables categóricas.

Prueba de chi cuadrado (X^2) para una muestra única:

Ejemplo

Supóngase que el director del servicio de salud necesita probar la eficacia de tres campañas de vacunación a la población infantil en su ciudad, en los últimos tres años. El director desea medir el efecto de cada campaña en los padres de familia que lleven a sus niños a los centros de salud que prestan el servicio de vacunación durante el tiempo de la respectiva campaña.

El número de niños atendidos en estos tres últimos años fue:

Tabla 5. Atención de niños en vacunación
en los últimos 3 años en la ciudad

Año de campaña	No. de niños atendidos en mes de campaña	Mes de campaña
1997	11 700	Julio
1998	12 350	Mayo
1999	10 900	Septiembre
Total	34 950	

El director necesita saber si el número de niños atendidos durante el período en que estuvo vigente cada campaña difiere en forma significativa. Este problema se resuelve aplicando la prueba de chi cuadrado (X^2) de la siguiente forma:

a. Se plantean la hipótesis nula y la hipótesis alterna

Hipótesis nula H_o = no existen diferencias significativas en el número de infantes atendidos en las últimas tres campañas de vacunación infantil.

Hipótesis alterna H_A = existen diferencias significativas en la cantidad de niños atendidos en las campañas de vacunación en los últimos tres años.

b. Se determina el número de niños atendidos en cada año de campaña, si la hipótesis nula fuera correcta (E_i). Por tanto, es de esperarse que haya un número igual de infantes atendidos en el curso de cada campaña. El número esperado se calcula sumando el total de infantes atendidos en las tres campañas y dividiendo este valor sobre el número de campañas (3).

$$E_i = \frac{T_A}{n} = \frac{Total\ infantes\ atendidos}{N\acute{u}mero\ de\ campa\~nas} = \frac{34\,950}{3} = 11\,650\ ni\~nos(as)$$

c. Se calcula el valor de X^2 mediante la ecuación

$$X^2 = \sum \frac{(O_i - E_i)^2}{E_i}$$

Donde:

O_i: número observado en la iésima categoría o campaña.

E_i: número esperado en la iésima categoría.

K_k: número de categorías, en este caso 3 (campañas).

$$X^2 = \frac{(11\,700 - 11\,650)^2 + (12\,350 - 11\,650)^2 + (10\,900 - 11\,650)^2}{11\,650} = 90{,}55$$

d. Se escoge el nivel de significancia permitido α. Para el nivel de significancia $\alpha = 0{,}05$, el valor tabulado de X^2 con dos grados de libertad $(k - 1)$ es 5,99 (véase tabla X^2).

e. Decisión

Comparamos el valor calculado X^2 con el valor crítico (valor en tabla) de X^2. Como el valor calculado para X^2 (90,55) es mayor que el valor tabulado (5,99), entonces se rechaza la hipótesis nula que afirma que no existe diferencia significativa en el número de niños atendidos por campaña de vacunación.

f. Conclusión

Se concluye que con 95% de confianza en los datos obtenidos en las campañas de vacunación infantil, en los últimos tres años en la ciudad objeto del estudio, existen diferencias significativas en el número de niños atendidos entre cada una de las distintas campañas de vacunación.

ANÁLISIS DE REGRESIÓN Y CORRELACIÓN

El análisis de regresión y correlación es un método estadístico utilizado para calcular la relación entre dos o más variables y su grado de relación.

1. Análisis de regresión lineal

Para ejemplificar este método de análisis de datos, se plantea el siguiente ejemplo:

El gerente de un prestigioso restaurante de la ciudad APQ realizó una investigación en su negocio con el propósito de analizar la relación entre el número de clientes atendidos y el número de quejas recibidas en cada uno de los últimos seis meses del año en curso.

Los datos de clientes y quejas de los seis meses objeto del estudio se muestran en la tabla 6.

Mes de actividad	Número de clientes atendidos por mes (miles)	Número de quejas recibidas por mes
1	6,6	75
2	5,3	69
3	4,9	71
4	7,4	86
5	7,1	78
6	5,6	73

Tabla 6. Número de clientes atendidos y quejas recibidas por el hotel

1. El primer paso en el análisis de regresión es recurrir al método de mínimos cuadrados, que es una técnica matemática que permite construir con los datos X y Y la línea que representa mejor la relación entre las dos variables.

La ecuación general del método de los mínimos cuadrados que se emplea en el análisis de regresión es:

$$Y = a + bx$$

Donde:

Y: variable dependiente (para este caso, número de quejas).

a: intersección estimada de la línea de regresión con el eje Y.

b: pendiente estimada de la línea de regresión: coeficiente de regresión.

x: variable independiente, número de clientes que visitan el restaurante.

2. El siguiente paso en el análisis de regresión es calcular los valores apropiados de a y b para sustituirlos en la ecuación de mínimos cuadrados; entonces:

$$a = \frac{(\sum y)(\sum x^2) - (\sum x)(\sum xy)}{(n)(\sum x^2) - (\sum x)^2}$$

$$b = \frac{(n)\sum(xy) - (\sum x)\sum(y)}{(n)\sum(x^2) - (\sum x)^2}$$

Donde:

n: número de datos.

$\sum X$: suma de los valores X.

$\sum Y$: suma de los valores Y.

$\sum X^2$: suma de los valores de X^2.

$\sum XY$: suma de los productos de X por Y.

a: intersección de la línea de regresión con el eje Y.

b: pendiente estimada de la línea de regresión: coeficiente de regresión.

Cálculo de la ecuación:

Tabla 7. Cálculo de regresión lineal para el número de clientes atendidos y quejas recibidas por el hotel

Mes de actividad	X	Y	X²	XY	Y²
1	6,6	75	43,56	495,0	5 625
2	5,3	69	28,09	365,7	4 761
3	4,9	71	24,01	347,9	5 041
4	7,4	86	54,76	636,4	7 396
5	7,1	78	50,41	553,8	6 084
6	5,6	73	31,36	408,8	5 329
$n = 6$	36,9	452	232,19	2 807,6	34 236

3. Se remplazan los datos en la ecuación de mínimos cuadrados y se obtiene la ecuación de regresión lineal:

$Y = a + bx$

Donde:

$$a = \frac{(\sum y)(\sum x^2) - (\sum x)(\sum xy)}{(n)(\sum x^2) - (\sum x)^2} = \frac{(452)(232,19) - (36,9)(2\,807,6)}{(6)232,19 - (36,9)^2} = 42,8$$

$$b = \frac{(n)\sum (xy) - (\sum x)\sum (y)}{(n)\sum (x^2) - (\sum x)^2} = \frac{(6)2\,807,6 - (36,9)(452)}{(6)232,19 - (36,9)^2}$$

$$\hat{Y} = 42,8 + 5,29x$$

La gráfica para esta ecuación es la siguiente:

Relación entre clientes atendidos y quejas recibidas por mes.

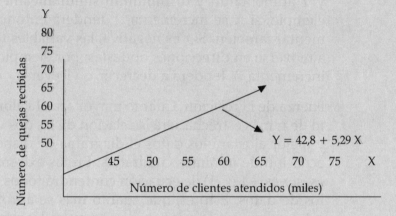

Gráfica 5

Los datos de la gráfica indican que existe una relación directa (positiva) entre el número de clientes atendidos y el número de quejas recibidas, es decir, que a medida que aumenta el número de clientes atendidos por el restaurante, aumenta el número de quejas recibidas por el servicio prestado a sus clientes.

2. Coeficiente de correlación

El *análisis de correlación* sirve para medir la fuerza o el grado de correlación entre las variables objeto de estudio en el análisis de regresión.

La ecuación para medir el *coeficiente de correlación* es la siguiente:

$$r = \frac{(n)(\sum xy) - (\sum x)(\sum y)}{\sqrt{[(n)\sum x^2 - (\sum x)^2][(n)\sum y^2 - (\sum y)^2]}}$$

Donde r = coeficiente de correlación.

El coeficiente de correlación es un número que, en determinado conjunto de datos, se encontrará entre –1 y +1 y que indica:

a. Dirección de la correlación. Si es positiva, significa que X y Y aumentarán y disminuirán simultáneamente; por ejemplo, si X se incrementa, Y tenderá entonces a aumentar también. Si r es negativa, las variables tenderán a moverse en direcciones opuestas; por ejemplo, si X se incrementa, Y tenderá a decrecer, o viceversa.

b. Fuerza de la relación. Cuanto mayor sea el valor absoluto de r, más estrecha será la relación de las dos variables y mejor ajustará los datos el diagrama de dispersión la ecuación de mínimos cuadrados. En los extremos (esto es, si r es +1 ó –1), la ecuación contendrá todos los puntos de datos. Esto es, que cuanto más se aproxime r a +1, mayor será la relación directa entre las variables, y cuanto más se aproxime r a –1, más inverso es el grado de relación entre las variables.

Cuando $r = 0$, no hay relación lineal entre las variables.

Se calcula entonces el valor de r para el caso de la relación entre número de clientes atendidos y número de quejas recibidas por el restaurante objeto del estudio:

$$r = \frac{(6)(2807,6) - (36,9)(452)}{\sqrt{[(6)(232,19 - (36,9)^2][(6)(34\ 236) - (452)^2]}} = \frac{166,8}{187,24} = 0,89$$

Interpretación:

Como el valor de r calculado (0,89) es positivo, entonces la relación entre el número de clientes atendidos y el número de quejas recibidas es directa, es decir, que cuando aumenta el número de clientes atendidos por el restaurante aumenta el número de quejas recibidas.

También, como el valor de r (0,89) se acerca al valor +1, significa que hay una relación muy estrecha entre el número de clientes y el número de quejas en el restaurante.

3. Coeficiente de determinación

El *coeficiente de determinación* es el cuadrado del coeficiente de correlación y asume un significado especial porque su valor representa la proporción de la variación de Y que es explicado por la variable independiente X por medio de la ecuación de regresión.

Siguiendo el caso del restaurante:

$$r^2 = r \times r = 0,89 \times 0,89 = 0,7921$$

Donde:

r = coeficiente de correlación.

r^2 = coeficiente de determinación.

Interpretación del valor 0,7921:

El valor 0,7921 significa que 79,21% de la varianza en las quejas recibidas por el restaurante se explican por los cambios en el número de clientes atendidos mensualmente por el restaurante. La otra parte de la varianza en las quejas (21%) se debe a otros factores diferentes al cambio en el número de clientes atendidos.

Otra fórmula para calcular r^2 es:

$$r^2 = \frac{Varianza\ en\ Y\ explicada\ por\ X}{Variación\ total\ en\ Y}$$

12

ANÁLISIS DE RESULTADOS

YA PROCESÉ MIS DATOS, AHORA NECESITO ANALIZARLOS. ¿CÓMO HAGO EL ANÁLISIS?

LOS DATOS INDICAN QUE LAS PRINCIPALES CAUSAS DE QUIEBRA DE LAS EMPRESAS SON...

LOS RESULTADOS OBTENIDOS CORROBORAN LAS CONCLUSIONES
DEL ESTUDIO REALIZADO POR...

7.12. ANALIZAR Y DISCUTIR LOS RESULTADOS

Una vez procesados los datos por medios estadísticos, se obtienen unos resultados que deben ser analizados e interpretados o discutidos.

El análisis de resultados consiste en interpretar los hallazgos relacionados con el problema de investigación, los objetivos propuestos, la hipótesis y/o preguntas formuladas, y las teorías o presupuestos planteados en el marco teórico, con el fin de evaluar si confirman las teorías o no, y se generan debates con la teoría ya existente.

En este análisis deben mostrarse las implicaciones de la investigación realizada para futuras teorías e investigaciones.

En términos generales, en el análisis también debe indicarse si el estudio respondió o no a las hipótesis o preguntas planteadas para desarrollar los objetivos del estudio. No encontrar respaldo a la hipótesis o preguntas de investigación no debe ser motivo para considerar que el estudio fracasó; este hecho puede ser un excelente pretexto para iniciar un nuevo estudio que permita corroborar o contrastar los resultados encontrados.

El análisis y la discusión de los resultados es el aspecto más importante que se va a tener en cuenta en toda investigación; sobre él deben hacer énfasis los jurados evaluadores del informe final presentado por los investigadores.

7.13. REDACTAR Y ENTREGAR EL INFORME

Después de haber analizado y discutido los resultados obtenidos en la investigación, es necesario redactar y entregar el informe final a la institución o área encargada de su evaluación.

Para la redacción del informe es indispensable seguir las normas, criterios o protocolos establecidos y exigidos por la institución a la cual ha de entregarse el respectivo informe.

Así mismo, para la entrega deben seguirse los procedimientos previstos para tal efecto.

En investigación es usual que cada país y cada institución de educación superior tengan algunos criterios específicos, tanto para la redacción, como para la entrega de los informes finales de los proyectos de investigación.

Los anexos *a* y *b* que se encuentran al final del libro sirven de ejemplo general para la presentación de un documento de anteproyecto y proyecto de investigación a nivel general de trabajo de grado.

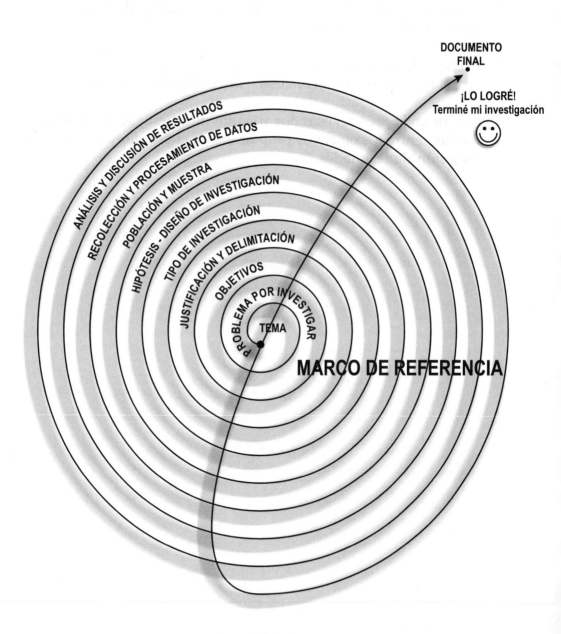

Gráfica 14

PREGUNTAS DE REPASO Y ANÁLISIS

1. ¿En qué consiste el análisis y discusión de los resultados en un proyecto de investigación?

2. ¿Cuál es la diferencia entre descripción, análisis y discusión de los resultados de una investigación?

3. Explique la relación entre el problema de investigación, los objetivos, el marco teórico y el análisis y discusión de los resultados.

4. Busque en libros o revistas dos artículos de investigación y evalúe la relación entre los objetivos propuestos en el estudio y el análisis y discusión de resultados.

INSTRUMENTOS DE MEDICIÓN Y RECOLECCIÓN DE INFORMACIÓN PRIMARIA EN CIENCIAS SOCIALES

PARTE IV

Capítulo 8

INSTRUMENTOS DE RECOLECCIÓN DE LA INFORMACIÓN

¿Qué instrumentos debo utilizar para medir los resultados?

¿Cuestionarios?

¿Serán confiables y válidos?

Dada la importancia que tienen los instrumentos de recolección de la información en un proceso de investigación, a continuación se presentan algunas indicaciones generales que deben tenerse en cuenta en el diseño de un instrumento de recolección de información para una investigación.

8.1. CONCEPTO DE MEDICIÓN

Para McDaniel y Gates, la medición "es el proceso de asignar números o marcadores a objetos, personas, estados o hechos, según reglas específicas para representar la cantidad o cualidad de un atributo"[1]. En este sentido, no se miden el hecho, la persona o el objeto, sino sus atributos. En investigación hay cuatro niveles básicos de medición: nominal, ordinal, de intervalos y de proporción.

- **Escala nominal.** Divide los datos en categorías mutuamente excluyentes. El término nominal significa "nominar", que quiere decir que los números que se asignan a los objetos o fenómenos son nombres o clasificaciones, pero no tienen un verdadero significado numérico, es decir, son números de identificación.

Ejemplos

Sexo: Masculino (1) _____ Femenino (2) _____

Estado civil: Casado (1) ___ Soltero (2) ___ Separado (3) ___ Otro (4) ___

Las escalas nominales se emplean para calcular recuentos de frecuencias, porcentajes y modas.

- **Escala ordinal**. Tiene como propósito dar orden a los datos (dar prioridades) de forma ascendente o descendente.

Ejemplo

Por favor, clasifique las siguientes marcas de máquinas de fotocopiado de 1 a 6.

---

[1] McDANIEL y GATES, *op. cit.*, p. 294.

Donde 1 indica la marca de fotocopiadora preferida por usted y 6 la que menos prefiere:

Xerox _____
Toshiba _____
Sharp _____
Ricoh _____
Minolta _____
Canon _____

Las escalas ordinales se emplean para calcular la mediana, la media y la desviación típica.

- **Escala de intervalos.** Son escalas que agrupan las mediciones por intervalos o rangos donde los puntos de escala son iguales.

Ejemplo

El Volskwagen es un auto:

	Totalmente de acuerdo	Parcialmente de acuerdo	Indiferente	Parcialmente en desacuerdo	Totalmente en desacuerdo
	1	2	3	4	5
1. Bien fabricado	____	____	___	____	____
2. Demasiado caro	____	____	___	____	____

Las escalas de intervalo se emplean para calcular la media aritmética, las desviaciones estándares y el coeficiente de correlación.

- **Escala de razón.** Es una escala similar a las escalas de intervalo, sin embargo tienen un cero absoluto u origen. Se utilizan con variables como: ingresos, volumen de producción, rentabilidad, etcétera.

8.1.1. Confiabilidad y validez de la medición

Toda medición o instrumento de recolección de los datos debe reunir dos requisitos esenciales: confiabilidad y validez.

- **Confiabilidad**

  La confiabilidad de un cuestionario se refiere a la consistencia de las puntuaciones obtenidas por las mismas personas, cuando se las examina en distintas ocasiones con los mismos cuestionarios; o como afirman McDaniel y Gates, "es la capacidad del mismo instrumento para producir resultados congruentes cuando se aplica por segunda vez en condiciones tan parecidas como sea posible"[2]. Es decir, el instrumento arroja medidas congruentes de una medición a la siguiente.

  De acuerdo con los mencionados autores, la pregunta clave para determinar la confiabilidad de un instrumento de medición es: si se miden fenómenos o eventos una y otra vez con el mismo instrumento de medición, ¿se obtienen los mismos resultados u otros muy similares? Si la respuesta es afirmativa, se dice que el instrumento es confiable.

- **Validez**

  Un instrumento de medición es válido cuando mide aquello a lo cual está destinado, o como afirman Anastasi y Urbina, la validez "tiene que ver con lo que mide el cuestionario y cuán bien lo hace"[3]. La validez indica el grado con que pueden inferirse conclusiones a partir de los resultados obtenidos; ejemplo: un instrumento válido para medir la actitud de los clientes frente a la calidad del servicio de una empresa debe medir la actitud y no el conocimiento del cliente respecto a la calidad del servicio.

  La validez puede examinarse desde diferentes perspectivas: validez real, validez de contenido, validez de criterio y validez de constructo.

  - **Validez general**. Hace relación al juicio que se hace respecto del grado en que el instrumento de medición mide lo que debe medir. Este juicio consiste en tener una idea clara de la variable que desea medirse y evaluar si las preguntas o artículos del instrumento la miden.

---

[2] *Ibíd.*, p. 302.

[3] ANASTASI, Anne y URBINA, Susana, *Test psicológicos*, Prentice Hall, México, 1988, p. 113.

- **Validez del contenido**. Se refiere al juicio sobre el grado en que el instrumento representa la variable objeto de medición, es decir, el grado en que representa el universo de la variable objeto de estudio.

  Ejemplo: una encuesta sobre las fachadas de los hipermercados XYM y acerca de sus instalaciones no será la más adecuada para investigar la calidad del servicio. La validez de este instrumento es muy baja, dado que no se pregunta por aspectos como calidad de los alimentos, limpieza en las áreas del almacén y baños, rapidez y cortesía en el servicio, que son componentes importantes de la calidad de un negocio de este tipo.

- **Validez relacionada con el criterio**. Se refiere al juicio que se hace al instrumento en cuanto a la capacidad del mismo para predecir la variable objeto de la medición. Por ejemplo, una prueba para determinar la capacidad administrativa de altos ejecutivos puede validarse comparando sus resultados con el futuro desempeño de los ejecutivos medidos.

- **Validez relacionada con el constructo**. El instrumento es juzgado respecto al grado en que una medición se relaciona consistentemente con otras mediciones sobre conceptos que están midiéndose. Por ejemplo, un investigador desea evaluar la validez de constructo de una medición particular, como una escala de motivación intrínseca. Se ha encontrado que otros investigadores sostienen que el nivel de motivación intrínseca está relacionado positivamente con el grado de persistencia en el desarrollo de una tarea. El investigador administra el cuestionario de medición de la motivación intrínseca a un grupo de trabajadores, determina su persistencia adicional en el trabajo, y correlaciona los resultados de estas dos mediciones. Si la correlación es positiva, se aporta evidencia para la validez del instrumento de medición.

8.1.2. Factores que afectan la confiabilidad y la validez de los instrumentos de medición

- *La improvisación*. Consiste en creer que un instrumento de medición es un cuestionario que resulta de elaborar varias preguntas sin mucha dedicación ni revisión.

- *La utilización de instrumentos desarrollados en el extranjero que no han sido validados en el respectivo contexto.* Es necesario adaptar los cuestionarios extranjeros al entorno cultural respectivo.

- *El instrumento resulta inadecuado para las personas a las que se les aplica,* dado que muchas veces no se utiliza el lenguaje apropiado de acuerdo con la edad, el reconocimiento, la capacidad de respuesta, el nivel ocupacional y educativo y la motivación para responder.

- *Las condiciones en las que se aplica el instrumento de medición.*

- *Las instrucciones son deficientes.*

- *Quienes aplican el instrumento no generan empatía ni conocen el instrumento.*

8.1.3. Otras fuentes de error en un instrumento de medición

Según Weiers, las siguientes son las principales fuentes de error en un instrumento de medición[4]:

- **Error muestral**: se presenta cada vez que se extrae una muestra de la población en vez de hacer un censo.

- **Errores de respuesta**: se presenta cada vez que el valor de la variable en estudio se deforma durante el proceso de diseño y aplicación del instrumento. Estos errores de respuesta se reflejan en los siguientes interrogantes:

  - ¿Entiende el entrevistado la pregunta? Es necesario elaborar preguntas acordes con la población que se va a encuestar.

  - ¿Conoce el entrevistado la respuesta a la pregunta? Por ejemplo, preguntar a una persona de un área funcional de la empresa: ¿existen políticas de elaboración de presu-

---

[4] WEIERS, Ronald, *op. cit.*, p. 163.

puestos de ingresos y egresos en la empresa? Es muy posible que esta persona no conozca la respuesta.

- ¿Está dispuesto el entrevistado a dar la respuesta verdadera a la pregunta? Esto sucede cuando se trata de temas delicados o que comprometen a las personas entrevistadas.

- ¿Tienden la redacción de la pregunta o la situación en que se formula a viciar la respuesta? Esto ocurre cuando el instrumento se diseña con sesgos en las preguntas.

Por ejemplo, la marca de automóviles Pisgi es la más famosa en el mercado porque:

a. _____   b. _____

c. _____   d. _____

El sesgo se presenta a partir del supuesto de considerar la mencionada marca como la más famosa, sin antes haber planteado una pregunta orientada a identificar las marcas más famosas.

- **Error por falta de respuestas**. Se presenta cuando las personas sólo diligencian parte de la encuesta.

- **Error de aplicación en el instrumento**. Se presenta cuando el entrevistador o encuestador aplica mal el cuestionario.

8.1.4. Medios de aplicación del instrumento de medición

- Aplicación directa - personal (cara a cara). Es el más usual.
- Encuesta por correo.
- Encuesta telefónica.
- Encuesta directa por computador.
- Encuesta por internet.

8.2. DISEÑO DE CUESTIONARIOS

8.2.1. ¿Qué es un cuestionario?

El cuestionario es el conjunto de preguntas diseñadas para generar los datos necesarios para alcanzar los objetivos del proyecto de investigación; es un plan formal para recabar información de la unidad de análisis objeto de estudio y centro del problema de investigación.

En general, un cuestionario consiste en un conjunto de preguntas respecto a una o más variables que se van a medir.

El cuestionario permite estandarizar y uniformar el proceso de recopilación de datos. Un diseño inadecuado conduce a recoger información incompleta, datos imprecisos y, por supuesto, a generar información poco confiable.

8.2.2. Criterios básicos para el diseño de un cuestionario

Antes de iniciar la elaboración de un cuestionario, es necesario tener en claro los objetivos y las hipótesis o preguntas de investigación que impulsan a diseñar el cuestionario. Además, es preciso tener cierta seguridad de que la información puede conseguirse mediante los métodos de que se dispone y requiere el objeto de estudio.

Para preparar un instrumento de obtención de datos, deben examinarse los siguientes aspectos básicos:

• La naturaleza de la información que se busca.

• La naturaleza de la población o muestra de sujetos que aportarán la información.

• El medio o medios de aplicación del instrumento.

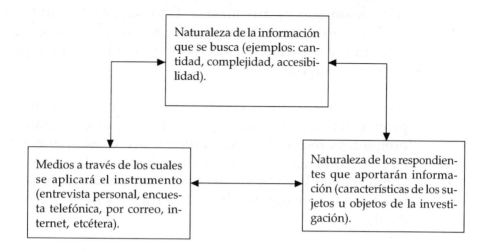

Gráfica 15

Fuente: WEIERS, Ronald, *Investigación de mercados*, Prentice Hall, México, 1998, p. 197.

8.2.3. Guía para elaborar un cuestionario

Dada la importancia que tiene el cuestionario en un proceso de investigación científica, porque es uno de los medios más usados (a veces el único) para obtener la información de la investigación, a continuación se presenta una guía general de aspectos que deben tenerse en cuenta en la elaboración de un cuestionario.

Estos aspectos son:

1. Tener claro el problema, los objetivos y la hipótesis o preguntas de la investigación que va a realizarse, debido a que la información por obtener mediante el cuestionario debe responder a tales aspectos, la razón de ser de la investigación.

2. Conocer las características de la población objeto del estudio. El cuestionario debe tener presente las características socioculturales de las personas por encuestar.

3. Indagar sobre la existencia de cuestionarios o técnicas de recolección de información sobre un mismo tema de la investigación que va a realizarse. Esto, según Hernández y colaboradores[5], sirve para utilizar un cuestionario ya existente una vez estandarizado o como orientación para preparar uno nuevo.

4. En caso de no existir un cuestionario previo, para elaborar el propio, es necesario comenzar por determinar el formato de preguntas y respuestas que conformarán el cuestionario. Esta etapa consiste en determinar el tipo de preguntas que van a emplearse en la encuesta. Básicamente, puede hablarse de tres tipos de preguntas: abiertas, cerradas y de respuesta a escala.

- **Preguntas de tipo abierto**. Este tipo de preguntas le permiten al encuestado contestar en sus propias palabras; es decir, el investigador no limita las opciones de respuesta.

Las preguntas de tipo abierto ofrecen diversas ventajas para el investigador. Permiten que las personas entrevistadas indiquen sus reacciones generales ante un determinado aspecto o rasgo. Por ejemplo, ¿qué ventajas, si es que las hay, ofrece el uso del internet en el mundo actual? Además, propician la obtención de información abundante o pueden sugerir posibilidades que no se incluyen en las preguntas cerradas.

Las preguntas abiertas también plantean ciertos problemas: se dificulta el proceso de edición y codificación, se hace difícil interpretar los patrones de datos y las frecuencias de las respuestas. El encuestador muchas veces se ve en la necesidad de hacer interpretaciones de las respuestas para ubicarlas en alguna categoría de clasificación, lo cual puede crear sesgos por parte del entrevistador, además de que no son adecuadas para los cuestionarios de autoadministración.

---

[5] HERNÁNDEZ y colaboradores, *op. cit.*, p. 294.

- **Preguntas de tipo cerrado**. Son preguntas que le piden a la persona encuestada que elija la respuesta en una lista de opciones.

Las ventajas de este tipo de preguntas es que se elimina el sesgo del entrevistador, muy clásico en las preguntas de tipo abierto. Son fáciles de codificar y se obtienen respuestas muy concretas.

Las preguntas de tipo cerrado se subdividen en dos clases: preguntas dicotómicas y preguntas de opción múltiple.

- **Preguntas dicotómicas**. El tipo más sencillo de preguntas cerradas es el de opción dicotómica, como las siguientes:

¿Conoce la marca de automóviles BMW? Sí ____ No ____
¿Tiene casa propia?   Sí____ No ____
¿Ha comprado alguna vez lotería?   Sí ____ No ____
¿Ha visitado usted el Japón alguna vez? Sí ____ No ____

En ocasiones se agrega una opción neutra o la opción "sin opinión/no sabe" a las preguntas dicotómicas; en otras, los entrevistadores anotan NS por "no sabe" o NR por "no responde", cuando la opción neutra no se incluye en el cuestionario.

Para algunos investigadores, las preguntas dicotómicas incurren en un error de medición considerable. Como las alternativas están polarizadas, se omite la gran diversidad de posibilidades entre las opciones extremas.

- **Preguntas de opción múltiple**. Como todas las preguntas de tipo cerrado, las preguntas de opción múltiple proporcionan información limitada, y se le pide al entrevistado que indique la alternativa que exprese su opinión o en algunos casos es necesario indicar varias opciones.

A continuación se dan algunos *ejemplos* de preguntas de opción múltiple.

En un estudio orientado a conocer la preferencia de compra de un producto de vestuario informal, la pregunta podría ser:

¿Cuál de los siguientes criterios considera fundamental para adquirir o comprar un producto de vestuario?(Marque con una X la opción o criterio principal).

a. El precio _____
b. La marca _____
c. La exclusividad _____
d. La calidad _____
e. La disponibilidad _____
f. El diseño _____

En un estudio orientado a medir la calidad del servicio, la pregunta podría ser:

¿Cómo le pareció el servicio que recibió en nuestra distribuidora?

Muy satisfactorio _____
Un poco satisfactorio _____
Indiferente _____
Un poco insatisfactorio _____
Muy insatisfactorio _____

Como puede analizarse en los ejemplos anteriores, cada tipo de pregunta cerrada representa desventajas específicas. En el caso de la forma dicotómica, las respuestas no comunican la intensidad de los sentimientos del entrevistado. En algunas situaciones, la intensidad no es aplicable; por ejemplo:

¿Tiene auto propio? Sí _____ No _____ NR _____.

Pero en otras, el entrevistado tiene fuertes sentimientos acerca del tema. Sin embargo, dicha intensidad no se evidencia en la respuesta dicotómica; por ejemplo:

¿Le gusta el automóvil BMW? Sí _____ No _____ NR _____.

En esta respuesta no puede establecerse la intensidad del gusto por la marca del automóvil.

La pregunta múltiple con respuesta cerrada tiene dos desventajas adicionales: se requiere mayor tiempo para elaborar la pregunta y se genera una gran diversidad de respuestas posibles. Otro problema relacionado con cualquier lista es el sesgo de posición: los individuos suelen elegir la primera o la última opción sin prestar atención a las intermedias o, al contrario, prestar mucha atención a las intermedias.

- **Preguntas con respuesta a escala.** Son aquellas preguntas básicamente dirigidas a medir la intensidad o grado de sentimientos respecto a un rasgo o variable por medir; usualmente se les conoce como escalas de medición de actitudes y entre las cuales la más usada es la escala de Likert.

Son afirmaciones que se orientan a obtener respuestas de tipo:

Totalmente de acuerdo	(TA)	_____	5
Parcialmente de acuerdo	(PA)	_____	4
Indiferente	(I)	_____	3
Parcialmente en desacuerdo	(PD)	_____	2
Totalmente en desacuerdo	(TD)	_____	1

5. Una vez se ha decidido el tipo o tipos específicos de preguntas y los formatos de respuesta, la siguiente tarea es escribir las preguntas. Al respecto, deben considerarse los siguientes aspectos:

- Las preguntas deben ser claras y comprensibles para los encuestados. La falta de claridad conlleva confusiones y ambigüedades; por ejemplo: ¿compra algún producto en este almacén?, esta pregunta es confusa, no delimita la frecuencia, ni el tipo de productos.

- Se debe evitar las preguntas tendenciosas. Una pregunta es tendenciosa cuando le presenta al entrevistado una clave para orientar su repuesta; por ejemplo: ¿considera usted que el gobierno debe estimular el consumo de bienes nacionales aunque éstos sean de menor calidad que los importados con el propósito de evitar el desempleo?

- Se debe elaborar preguntas específicas para cada una de las variables que se van a medir con el fin de evitar confusiones; por ejemplo: ¿qué opinión tiene del precio y de la calidad de los productos de la marca JP? En este caso, es importante redactar una pregunta para conocer la actitud respecto al precio y otra para la calidad, pero no una sola pregunta para las dos variables, dado que el encuestado podría responder a una variable y no a las dos. Además, estas preguntas generan inconformidad en el encuestado porque podría opinar sobre cada variable por separado y no se le ofrece el espacio.

Según Malhotra[6]:

- Las preguntas no deben redactarse de modo que la respuesta sea dependiente de suposiciones implícitas acerca de lo que sucederá como consecuencia del contenido de la pregunta; por ejemplo: ¿está a favor de un presupuesto equilibrado, si da como resultado un incremento en el impuesto sobre el ingreso personal?

- Elaborar preguntas adaptando el lenguaje a las características de los entrevistados.

- Evaluar la pertinencia de la pregunta. ¿Realmente es necesaria la pregunta? Esto puede lograrse contrastando la pregunta con los objetivos de la investigación.

- Evaluar si el encuestado puede y quiere aportar la información que se le pide.

---

[6]   MALHOTRA, Naresh K., *op. cit.*, p. 335.

6. Establecer el flujo y la estructura del cuestionario. Una vez redactadas las preguntas, es importante darles orden.

   El cuestionario debe iniciar con información referente a las características sociodemográficas y económicas que permitirán clasificar a los entrevistados.

En relación con el flujo de ítemes o preguntas se recomienda:

- Iniciar con preguntas sencillas e interesantes.

- Formular primero las preguntas de tipo general.

- Formular las preguntas que se consideren más difíciles en la parte intermedia del cuestionario.

- Clasificar las preguntas por temas afines o subtemas, de modo que el encuestado se concentre en un solo tema o aspecto cada vez que se desplaza por el cuestionario.

7. Hacer la evaluación previa del cuestionario. El objetivo primario de la prueba previa es corroborar que el cuestionario posee los criterios de confiabilidad y de validez. Esto se logra si se somete el cuestionario al juicio de expertos en la elaboración de instrumentos de medición y recolección de datos y de especialistas en el tema objeto de estudio y realizar una prueba piloto aplicando el instrumento a una pequeña muestra de la población objeto de la investigación.

8. Elaborar el cuestionario definitivo teniendo en cuenta las observaciones del jurado y la experiencia de la prueba piloto.

GUÍA PARA LA ELABORACIÓN DE UN CUESTIONARIO

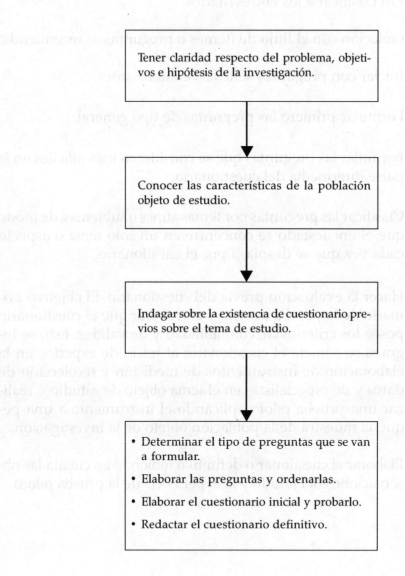

Tener claridad respecto del problema, objetivos e hipótesis de la investigación.

Conocer las características de la población objeto de estudio.

Indagar sobre la existencia de cuestionario previos sobre el tema de estudio.

- Determinar el tipo de preguntas que se van a formular.
- Elaborar las preguntas y ordenarlas.
- Elaborar el cuestionario inicial y probarlo.
- Redactar el cuestionario definitivo.

Gráfica 16

PREGUNTAS DE REPASO Y ANÁLISIS

1. ¿Qué se entiende por medición en un proyecto de investigación?

2. ¿En qué consisten la confiabilidad y la validez de un instrumento de medición?

3. Comente los principales factores que afectan la confiabilidad y la validez de los instrumentos de medición.

4. Comente los criterios básicos para el diseño de un cuestionario.

5. Describa los pasos para el diseño o elaboración de un cuestionario.

6. Consulte en revistas especializadas o libros la existencia de formatos o cuestionarios de distintos temas en ciencias de la administración.

7. Seleccione un tema de investigación, establezca objetivos de estudio y elabore un formato de cuestionario para el respectivo tema de acuerdo con los objetivos.

8. Suponga que va realizar una investigación para conocer la actitud de los empresarios del país respecto a las políticas económicas del gobierno actual.

    Diseñe un cuestionario para este estudio y realice las respectivas pruebas de confiabilidad y validez.

9. Suponga que ha sido contratado para realizar una encuesta orientada a medir la calidad del servicio de la cadena de supermercados PQT.

    *   Elabore un cuestionario para tal evento y realice las pruebas de confiabilidad y validez.

    *   En clase, discuta el cuestionario diseñado.

BIBLIOGRAFÍA

ANASTASI, Anne y URBINA, Susana. *Tests psicológicos*. Prentice Hall, México, 1988.

ARIAS GALICIA, Fernando. *Introducción a la metodología de la investigación en ciencias de la administración y del comportamiento*. Trillas, México, 1991.

ARTIGAS, Mariano. *El hombre a la luz de la ciencia*. Libros Mc., Madrid, 1992.

BLANCHÉ, Robert. *La epistemología*. Oikos-Tau, Barcelona, 1980.

BRIONES, Guillermo. *Métodos y técnicas de investigación para las ciencias sociales*. Trillas, México, 1985.

BRYON, W. F., BROWNE, E y PORTER, Roy. *Diccionario de historia de la ciencia*. Herder, Barcelona, 1986.

BUNGE, Mario. *La ciencia, su método y su filosofía*. Siglo XXI, Buenos Aires, 1990.

BUNGE, Mario. *Epistemología, ciencia de la ciencia*. Ariel, Barcelona, 1980.

CERDA, Hugo. *La investigación total*. Editorial Magister o, Bogotá, 1997.

_____. *Los elementos de la investigación*. Ed. El Búho, Bogotá, 1998.

CHIAVENATO, Idalberto. *Introducción a la teoría general de la administración*. McGraw-Hill, Bogotá, 1998.

DANIEL, Wayne. *Estadística con aplicación a las ciencias sociales y a la educación*. McGraw-Hill, México, 1992.

DANKHE, G. L. *Investigación y comunicación*, citado por HERNÁNDEZ y colaboradores, *Metodología de la investigación*. McGraw-Hill, Bogotá, 1998.

DRUCKER, Peter F. *Los desafíos de la gerencia para el siglo XXI*. Norma, Bogotá, 1999.

_____. "El nuevo cambio de la productividad". *Harvard Business Review*, noviembre-diciembre de 1995, En: *Oficina Eficiente*, Ed. Medios, enero-febrero de 1996.

FALS BORDA, Orlando. *El problema de cómo investigar la realidad para trasformarla por praxis*. Tercer Mundo Editores, Bogotá, 1990.

FERRATER MORA, J. *Diccionario de filosofía*. Ariel, Barcelona, 1994.

FINKE, R.A. *Creatividad. Teoría, investigación y aplicaciones*. Paidós, Buenos Aires, 1998.

FRACICA, N., Germán. *Modelo de simulación en muestreo*. Universidad de la Sabana, Bogotá, 1988.

GANTHER, Stednt. *Las paradojas del progreso*. Biblioteca Científica Salvat, Barcelona, 1987

GARCÍA PELAYO, Ramón. *Pequeño diccionario Larousse ilustrado*. México, 1994.

GARCÍA, Salvador y DOLAN, Shiman. *La dirección por valores*. McGraw-Hill, Madrid, 1997.

GARDNER H. *Mentes creativas*. Paidós, Barcelona, 1997.

GONZÁLEZ MOENA, Sergio. *Pensamiento complejo*. Mesa Redonda, Magisterio, Bogotá, 1997.

GUSDORF, Georges. *Pasado, presente y futuro de la investigación interdisciplinaria*. Unesco, Washington, 1998.

HELLRIEGEL, Don y SLOCON, John. *Administración*. Thomson Editores, Madrid, 1997.

HERMIDA, Jorge. SERRA, Roberto y KATISKA, Eduardo. *Administración y estrategia*. Ed. Macchi, Buenos Aires, 1991.

HERNÁNDEZ SAMPIERI, Robert, FERNÁNDEZ, Carlos y BATISTA, Pilar. *Metodología de la investigación*. McGraw-Hill, Bogotá, 1998.

JAKI, Stanley. *Ciencia, fe, cultura*. Libros Mc., Madrid, 1991.

JANY E., José Nicolás. *Investigación integral de mercados*. McGraw-Hill, Bogotá, 1994.

KINNEAR, Thomas y TAYLOR, James. *Investigación de mercados*. McGraw-Hill, México, 1993.

KUCZMARSKI, Thomas. *Innovación*. McGraw-Hill, México, 1997.

KUHN, Thomas. *La estructura de las revoluciones científicas*. Fondo de Cultura Económica, Madrid, 1975.

LADRÓN DE GUEVARA, Laureano. *Metodología de la investigación científica*. USTA, Bogotá, 1997.

LENK, Hans. *Entre la epistemología y la ciencia social*. Alfa, Barcelona, 1988.

LEVIN, Richard y RUBIN, David. *Estadística para administradores*. Prentice Hall, México, 1996.

LÓPEZ C., José A. "Filosofía crítica de la ciencia". *Antropos* No. 82/83 de 1998.

LÓPEZ QUINTÁS, Alfonso. *El encuentro y la plenitud de la vida espiritual.* Claretiana, Barcelona, 1990.

MALHOTRA, Naresh K. *Investigación de mercados: un enfoque práctico.* Prentice Hall, México, 1997.

MANRIQUE, Francisco. *Un cambio de época. No una época de cambios.* McGraw-Hill, Bogotá, 1996.

MARDONES J. M. y URSÚA, N. *Filosofía de las ciencias humanas y sociales.* Editorial Fontamara, México, 1987.

MARTÍNEZ, Miguel. *La investigación cuantitativa etnográfica.* Bogotá, 1997.

MASON, Robert y LIND, Douglas A. *Estadística para administración y economía.* Alfaomega, Bogotá, 1997.

McDANIEL, Carl y GATES, Roger. *Investigación de mercados contemporánea.* Internacional Thomson Editores, México, 1999.

MÉNDEZ, Carlos A. *Metodología. Guía para elaborar diseños de investigación en ciencias económicas, contables y administrativas.* McGraw-Hill, Bogotá, 1995.

MORIN, Édgar. *Introducción al pensamiento complejo.* Gedisa, Barcelona, 1994.

_____. *Ciencia y conciencia.* Editorial Antropos, Barcelona, 1984.

_____. *El método, "El conocimiento del conocimiento".* Volumen 3, Editorial Teorema, Colección Cátedra, Madrid, 1988.

MUÑOZ, Carlos. *Cómo elaborar y asesorar una investigación de tesis.* Prentice Hall, México, 1998.

MURCIA FLORIÁN, Jorge. *Investigar para cambiar.* Bogotá, Mesa Redonda, 1992.

NIKOLAEVITCH, Stanislav. "La aproximación interdisciplinaria en la ciencia de hoy". En: *Interdisciplinariedad y Ciencias Humanas,* Unesco, Tecnos, Nueva York, 1998, p. 51.

PÉREZ DE LABORDA, Alfonso. *La ciencia contemporánea y sus implicaciones filosóficas.* Cincel, Bogotá, 1989.

PHILLIPS, Nicola. *Nuevas técnicas de investigación.* Financial Times, España, 1994.

PIAGET, Jean. *Lógica y conocimiento científico. Naturaleza y métodos de la epistemología.* Editorial Proteo, Buenos Aires, 1970.

POPPER, Karl. *El mito del marco común, en defensa de la ciencia y la racionalidad.* Ed. Paidós, Barcelona, 1997.

PORTER, Michael. *La ventaja competitiva de las naciones*. CECSA, México, 1998.

REALE, Giovanni y ANTISERI, Darío. *Historia del pensamiento filosófico y científico*. Vol. III, *Del romanticismo hasta hoy*. Ed. Herder, Barcelona, 1988.

REYES, Román. *Terminología científico-social, aproximación crítica*. Antropos, Barcelona, 1988.

RODRÍGUEZ y colaboradores, Antropología, perspectiva latinoamericana. USTA. Bogotá, 1984.

ROJAS SORIANO, R. *Guía para realizar investigaciones sociales*. México, Universidad Nacional Autónoma de México, *Metodología de la investigación*, citado por HERNÁNDEZ SAMPIERI y colaboradores, McGraw-Hill, México, 1998.

RUIZ L., Luis Enrique. *Aproximación a la integración superior del saber en pensamiento complejo*. Magisterio, Bogotá,1997.

SALKIND, Neil J. *Métodos de investigación*. Prentice Hall, México, 1998.

SELVINI PALAZZOLI, Mara. *Al frente de la organización*. Paidós, México, 1995.

SENGE, Peter. *La quinta disciplina*. Granica, Barcelona, 1995.

STARR, Martín. *La competencia global*. W.N., Norton, Nueva York, 1989, En: DONNELLI y colaboradores, *Dirección y administración de empresas*, Addison Wesley, Reading, Mass., 1994.

STENT, Gunther S. *Las paradojas del progreso*. Biblioteca Científica Salvat, Barcelona, 1987.

STERNBERG, Robert y LUBART, T. *La creatividad en una cultura conformista*. Paidós, Buenos Aires, 1997.

TAPSCOTT, Don y CASTON, Art. *Paradigmas empresariales*. McGraw Hill, Bogotá, 1995.

TOFFLER, Alvin. *Cambio de poder*. Plaza y Janés, Bogotá, 1992.

TUCKER, Robert. *Cómo administrar el futuro*. Grijalbo, Bogotá,1995.

VALENCIA GARCÍA, Jaime O. P. *Hermenéutica, introducción sistemática y analítica*. Ed. USTA, Bogotá, 1999.

WALLACE, Walter L. *La lógica de la ciencia en la sociología*. Alianza Editorial, Madrid, 1976.

WEIERS, Ronald M. *Investigación de mercados*. Prentice Hall, México, 1986.

ANEXOS

ANEXOS

ESQUEMA DEL DOCUMENTO DE UN ANTEPROYECTO DE INVESTIGACIÓN

(Portada)

ANTEPROYECTO DE INVESTIGACIÓN
PARA TRABAJO DE GRADO

Autor
JUAN FELIPE MUÑOZ MORENO

Asesora
AURA SOFÍA BERNAL TRIVIÑO
Magister en administración

Coasesora
NATALIA BERNAL TRIVIÑO
Magister en psicología

UNIVERSIDAD DE LA SABANA
FACULTAD DE CIENCIAS ECONÓMICAS Y ADMINISTRATIVAS
PROGRAMA DE ADMINISTRACIÓN DE EMPRESAS
Chía, Cundinamarca
Junio de 2000

CONTENIDO GENERAL

(Se presenta el contenido básico del anteproyecto)

Ejemplo:

1. TÍTULO DE LA INVESTIGACIÓN

2. PROBLEMA DE INVESTIGACIÓN
2.1. Enunciado del problema
2.2. Formulación del problema

3. OBJETIVOS DE LA INVESTIGACIÓN
3.1. Objetivo general
3.2. Objetivos específicos

4. JUSTIFICACIÓN Y DELIMITACIÓN DE LA INVESTIGACIÓN
4.1. Justificación
4.2. Delimitación

5. MARCO DE REFERENCIA DE LA INVESTIGACIÓN
5.1. Marco antropológico - filosófico
5.2. Marco teórico
5.3. Marco conceptual

6. TIPO DE ESTUDIO POR REALIZAR

7. HIPOTESIS DE LA INVESTIGACIÓN

8. DISEÑO DE LA INVESTIGACIÓN

9. POBLACIÓN Y MUESTRA

10. FUENTES DE OBTENCIÓN DE INFORMACIÓN
10.1. Fuentes primarias
10.2. Fuentes secundarias

11. PROCESAMIENTO DE LA INFORMACIÓN

BIBLIOGRAFÍA CONSULTADA

CRONOGRAMA DE ACTIVIDADES Y PRESUPUESTO DE INVERSIÓN
PARA LA EJECUCIÓN DEL PROYECTO DE INVESTIGACIÓN

1.TÍTULO DE LA INVESTIGACIÓN

(Se escribe el título propuesto para el anteproyecto de investigación)

Ejemplo:

"ACTITUD DE LOS DIRECTIVOS EMPRESARIALES NACIONALES RESPECTO A LA CREATIVIDAD Y LA INNOVACIÓN EN EL CONTEXTO DE LAS ORGANIZACIONES"

2.PLANTEAMIENTO DEL PROBLEMA DE INVESTIGACIÓN

2.1. Enunciado del problema*

(Se presenta el problema que se va a investigar)

Ejemplo:

En un mundo caracterizado por cambios rápidos, paradójicos y complejos, donde la competitividad y la globalización son un imperativo, las organizaciones cada vez tienen mayor necesidad de enfocar las cosas de un modo creativo e innovador. Sin embargo, estudios recientes sobre creatividad e innovación en las organizaciones empresariales muestran que, si bien los directivos expresan una ferviente convicción por la necesidad de personas creativas e inovadoras, y dicen estar comprometidas con la innovación, los resultados indican que tal compromiso se queda sólo en palabras.

Investigadores como Sternberg y Lubart y Kuczmarski, en sus recientes estudios sobre creatividad en las organizaciones, concluyen que la mayoría de las gerentes de alto nivel se atemorizan ante las personas creativas e innovadoras pues las consideran incómodas y raras.

En el caso del contexto latinoamericano, las organizaciones necesitan una gran dosis de creatividad e innovación que les permita desenvolverse en un ambiente de cambio, competitividad, tecnología e información si quieren permanecer en el mercado. Por este motivo, es una necesidad conocer la importancia que los directivos nacionales dan al potencial creativo e innovador en sus organizaciones como estrategia de desarrollo humano y empresarial integral.

2.2. Formulación del problema

(Se formulan las preguntas de investigación a partir del problema antes descrito)

Ejemplo:

1. ¿Consideran los directivos empresariales colombianos la creatividad y la innovación como un recurso valioso para la competitividad de sus organizaciones?

2. ¿Tienen los directivos empresariales una idea clara de la importancia de la creatividad y la innovación para el éxito de sus organizaciones?

3. ¿Promueven y estimulan los directivos empresariales la creatividad en sus organizaciones?

4. ¿Consideran los trabajadores de las empresas colombianas tener un ambiente organizacional propicio para desarrollar su potencial creativo e innovador?

---

* La descripción debe ser amplia y detallada, en lo posible soportada con datos (cifras) cuando sea necesario.

3.OBJETIVOS DE LA INVESTIGACIÓN

(Se plantean los objetivos generales y específicos de la investigación)

Ejemplo:

3.1. Objetivo general

Determinar la actitud de los directivos empresariales colombianos respecto a la creatividad y la innovación como recurso estratégico para la competitividad de sus organizaciones.

3.2. Objetivos específicos

1. Mostrar la importancia de la creatividad y la innovación como estrategias de competitividad en el nuevo ambiente de los negocios.

2. Evaluar el grado de importancia que los directivos empresariales latinoamericanos dan a la creatividad y a la innovación para el desarrollo de la actividad de sus empresas.

3. Identificar la presencia o no de estímulos para promover el potencial creativo e innovador en el contexto de las organizaciones latinoamericanas.

4. Identificar la actitud de los trabajadores de las organizaciones nacionales respecto al ambiente de la empresa para desarrollar la creatividad y la innovación.

4.JUSTIFICACIÓN Y DELIMITACIÓN DE LA INVESTIGACIÓN

(Se justifica y delimita la investigación)

Ejemplo:

4.1.Justificación práctica

Consciente de la importancia que hoy reviste el tema de la creatividad como estrategia para afrontar los nuevos retos en el ambiente de los negocios, el presente estudio tiene repercusión práctica sobre la actividad empresarial aportando información valiosa que servirá de material de reflexión y acción sobre el quehacer de nuestros directivos empresariales y generar acciones tendientes a promover y practicar la creatividad como una dimensión humana y fundamental que debe ser aprovechada para el desarrollo personal y organizacional, en el contexto de las empresas.

4.2.Delimitación de la investigación

El presente estudio se circunscribe a los directivos de las empresas del sector manufacturero localizadas en la ciudad de Bucaramanga, que ocupen para sus actividades productivas a más de 200 trabajadores.

5.MARCO DE REFERENCIA DE LA INVESTIGACIÓN

(Se presenta el marco de referencia que fundamenta la investigación)

Ejemplo:

5.1.Marco antropológico - filosófico

Consciente de que el mundo moderno caracterizado por los grandes avances de la tecnología le exige al ser humano actual respuestas rápidas y continuas, especialmente en lo que se refiere a su postura ante la vida y ante el trabajo, enfrentando al ser humano ante sí mismo y ante sus valores y debido a que en las organizaciones empresariales su principal objetivo es la producción y el beneficio económico en muchos casos con menosprecio de los valores humanos y la dignidad de las personas, en este aparte se presenta la concepción del ser humano que fundamentará la presente investigación, comenzando por referenciar las diferentes concepciones del ser humano que han guiado las distintas teorías administrativas que han orientado el mundo de los negocios y por tanto la vida de quienes en ellos se han desempeñado ya sea como directivos o colaboradores.

Del Castillo afirma que las teorías administrativas han concebido al ser humano desde perspectivas diferentes, como se muestra a continuación.

La Escuela de Administración Científica considera al hombre desde dos posiciones: la persona que ocupaba posiciones administrativas dentro de la organización es un ser con capacidad de pensar, mientras que la de posiciones jerárquicas bajas es considerada como un ser mecánico al que sólo lo motiva la recompensa económica[1].

De otra parte, la Escuela de la Burocracia considera al ser humano como un recurso más que las organizaciones pueden utilizar para lograr sus objetivos. Para este enfoque administrativo la persona es un ser eminentemente racional. Como reacción a las dos concepciones anteriores, la Escuela de las Relaciones Humanas concibe al individuo como el recurso principal que tienen las organizaciones para alcanzar sus objetivos. Para esta escuela el ser humano es ante todo un ser social que busca dentro del grupo satisfacer sus necesidades.

Siguiendo el enfoque racionalista, la Escuela Cuantitativa percibe al ser humano como un sujeto que tiene la capacidad de pensar, pero fundamentalmente como un individuo que toma decisiones; por tanto, un individuo eminentemente administrativo. Para el caso de la Teoría de los Sistemas, el hombre es un organismo que interactúa con el medio ambiente, es una unidad que forma parte de un sistema social y económico. Mientras que para la Escuela del Desarrollo Organizacional el individuo vuelve a ser considerado como el recurso más importante con que cuenta la organización para el logro de sus objetivos. De acuerdo con esta escuela, el ser humano es capaz de modificar su sistema de valores mediante entrenamientos adecuados y, dado que las organizaciones se enfrentan con constantes cambios, entonces éstas necesitan recurrir al ser humano para poder responder de manera efectiva a los cambios del medio ambiente en el que se desenvuelven.

---

[1] DEL CASTILLO, Mancebo, *El administrador y su entorno dentro de la administración*, Limusa, México, 1992, p. 36.

Finalmente, para la Escuela de la Cultura Organizacional y la Escuela del Control de la Calidad, el individuo es visto en un contexto más amplio que el de la propia organización. Al ser humano se le otorga una mayor libertad para que pueda encontrar su significado y sentido de vida; el individuo es visto como un ser en constante aprendizaje, que quiere ser cada vez mejor.

En virtud de las concepciones anteriores acerca del ser humano, para el presente estudio la persona es un ser integral (físico, psicológico, social, espiritual e histórico). Un ser en constante perfeccionamiento, un ser que sufre y goza por sus logros o fracasos y en particular un ser creativo que, como sostiene Coreth, «no somos objetos del mundo sino sujetos del mundo»[2], para resaltar que somos seres creativos, únicos y dotados de dignidad, o como afirma Faure: «El hombre por naturaleza, se realiza ‹en› y ‹por› su creación»[3]. De otra parte porque, como afirma López Quintás, «el desarrollo de la persona humana, el de las organizaciones y la sociedad en general se da en proporción directa con su poder creador o cocreador»[4] y porque vivimos en un mundo que nos exige ser cada vez más creativos.

5.2. Marco teórico

(Se presentan las principales y más recientes investigaciones sobre el tema objeto de estudios para fundamentar la investigación que se va realizar)

Ejemplo:

Con el propósito de fundamentar la presente investigación, a continuación se muestran las principales ideas que hoy existen sobre el tema objeto de este estudio.

Instituciones como las Naciones Unidas y científicos reconocidos en distintos campos del conocimiento no dudan en afirmar que sólo mediante la creatividad se garantizará el desarrollo integral y el progreso de la humanidad en los próximos años y ésta debe ser una preocupación de líderes nacionales y directivos organizacionales especialmente en los países subdesarrollados como bien lo afirma Phillips[5]. No obstante lo anterior, Sternberg y Lubart[6] en sus investigaciones recientes muestran que la importancia de la creatividad y la innovación está siendo menospreciada tanto por parte de la sociedad en general, como por parte de las instituciones que existen dentro de la sociedad.

Estos investigadores del tema de la creatividad en las organizaciones aseguran que los ejecutivos del mundo de los negocios hablan de la necesidad de la creatividad y de la innovación, pero sus acciones en la práctica indican lo contrario. Sternberg y Lubart afirman que a pesar de que muchas personas dicen valorar las ideas y las acciones originales, existen pruebas contundentes que demuestran que dichas personas no están identificadas con aquello que supuestamente valoran.

---

[2] CORETH, E., *¿Qué es el hombre?*, Herder, Barcelona, 1980.

[3] FAURE, P., en PEREIRA, N., *Un proyecto pedagógico en Pierre*, Narcea, Madrid, 1970.

[4] LÓPEZ, Q., Alfonso, *El encuentro y la plenitud de la vida espiritual*, Cleretiana, Barcelona, 1990.

[5] PHILLIPS, Nicolás, *Nuevas técnicas de gestión*, Financial Times, Barcelona, 1994.

[6] STERNBERG, Robert y LUBART, Todd, *La creatividad en una cultura conformista*, Paidós, Barcelona, 1997.

De otra parte, investigadores como Finke[7] aseguran que los resultados sobre la dinámica de las organizaciones impresionan más por lo lento que cambian las cosas que por la rapidez y novedad de los cambios. Finke afirma que las culturas organizacionales y los modos de hacer las cosas parecen tener una vida que se prolonga más allá de las personas particulares que habitan la organización. Al respecto uno de los hallazgos más consecuentes en psicología es el muy conocido "efecto de mera exposición" planteado por Zajona en el año de 1978 y que consiste en mostrar que a la mayoría de las personas les gusta lo que les es familiar. Con esto se puede entender un poco la actitud de los directivos que, aunque de pensamiento valoran la creatividad porque reconocen así sea teóricamente los beneficios de la misma, en la práctica la creatividad muy a menudo incomoda a la gente, y en consecuencia quienes no la practican pueden reaccionar negativamente ante la persona o la obra creativa.

Al respecto Kuczmarski[8] considera que debido a que en las organizaciones los directivos parecen ser poco creativos, las personas creativas a menudo son consideradas como raras, y se las margina.

Como consecuencia de los planteamientos antes mencionados y dados los rápidos y complejos cambios en el nuevo ambiente de los negocios, se considera de gran importancia llevar a cabo el presente estudio tendiente a conocer la actitud de los directivos empresariales colombianos respecto a la creatividad y la innovación en el contexto de sus organizaciones.

5.3. Marco conceptual

(Se precisan aquellos conceptos relevantes en la investigación que va a desarrollarse)

Ejemplo:

Con el propósito de unificar significados de algunos términos utilizados en el presente estudio, a continuación se definen estos términos:

1. Actitud: son enunciados de evaluación –ya sean favorables o desfavorables– respecto a los objetos, a la gente o a los eventos. Las actitudes tienen tres componentes: cognición, afecto y comportamiento (ROBBINS, Stephen, *Comportamiento organizacional*, Pearson, México, 1999).

2. Creatividad: es la capacidad de toda persona para llegar a conclusiones nuevas, resolver problemas en una forma original o realizar acciones o crear productos novedosos. (SEFCHOVICH, Galia y WAISBURD, Gilda, *Hacia una pedagogía de la creatividad*, Trillas, México, 1981).

3. Cultura organizacional: se refiere a un sistema de significado compartido entre sus miembros y que distingue a una organización de las otras (ROBBINS, Stephen, *Comportamiento organizacional*, Pearson, México, 1.999).

---

[8] FINKE, R.,*Creatividad, teoría, investigación y aplicaciones*, Paidós, Buenos Aires, 1992.

[9] KUCZMARSKI, Thomas, *Innovación*, McGraw Hill, Bogotá, 1997.

6. TIPO DE INVESTIGACIÓN

(Se plantea el tipo de estudio con que va a desarrollarse la investigación: exploratorio, descriptivo, correlacional o explicativo)

Ejemplo:

La presente investigación será de carácter eminentemente descriptivo, debido a que su propósito es determinar aquellos rasgos que identifican la actitud de los directivos colombianos respecto a la creatividad y la innovación como recurso estratégico para la competitividad empresarial. Pero no se profundizará sobre las causas o razones de los respectivos rasgos. Esto podrá ser motivo de una nueva investigación; sin embargo, sí se realizará una reflexión que permita contrastar los hallazgos de este estudio con los obtenidos en los estudios referenciados en el marco teórico, y con la concepción de ser humano que se plantea en el marco antropológico - filosófico, con el propósito de aportar algunos elementos de reflexión que contribuyan al desarrollo humano y organizacional de las organizaciones colombianas.

7. HIPÓTESIS DE LA INVESTIGACIÓN

(Se formulan las hipótesis de la investigación cuando sea necesario)

Ejemplo:

Con el propósito de dar respuesta al problema y a los objetivos de investigación planteados en el presente estudio, se formula la siguiente hipótesis descriptiva:

Hipótesis H_o: los directivos de un país se caracterizan por su actitud positiva respecto a la creatividad y la innovación a tal nivel que es considerada como estrategia competitiva para sus organizaciones.

8. DISEÑO DE LA INVESTIGACIÓN

(Se define el diseño de la investigación: experimental o no experimental)

Ejemplo:

La presente es una investigación no experimental de diseño trasversal, o trasseccional, ya que la obtención de los datos se realizará una sola vez en cada unidad de análisis, aunque se utilizarán tres instrumentos de recolección de información, con aplicación única a cada sujeto de investigación.

9. POBLACIÓN Y MUESTRA

(Se define la población objeto de la investigación y se estima el tamaño de la muestra que aportará la información)

Ejemplo:

9.1. Población

La población objeto de investigación estará constituida por los directivos de las empresas del sector manufacturero, localizados en la ciudad de Bucaramanga, registradas en la Cámara de Comercio, y que figuran como empresas que ocupan a más de 200 trabajadores en sus nóminas.

9.2. Muestra

Para efectos de la recolección de la información se tomará una muestra de directivos que cumplan los requisitos antes mencionados. El tamaño de la muestra ha sido estimado a partir de los registros existentes en la Cámara de Comercio de la ciudad, mediante el sistema del muestreo aleatorio simple, utilizando la siguiente formula:

$$n = \frac{S^2}{\dfrac{\varepsilon^2}{Z^2} + \dfrac{S^2}{N}} =$$

Donde:

n = tamaño necesario de la muestra.

Z = margen de confiabilidad (para este caso: 95% de confiabilidad, Z=1,96).

S = desviación estándar de la población (S = 1 800 trabajadores, tomada de estudios anteriores).

E = error de estimación de la media de la muestra respecto a la población (se espera que no sea superior a 200 trabajadores).

N = tamaño de la población (N = 1 600 directivos de empresas).

$$n = \frac{S^2}{\dfrac{\varepsilon^2}{Z^2} + \dfrac{S^2}{N}} = \frac{(1\,800)^2}{\dfrac{(200)^2}{(1,96)^2} + \dfrac{(1\,800)^2}{(1\,600)}} = 311 \text{ directivos empresariales}$$

Esto significa que se necesita una muestra de 311 directivos de empresas para obtener información confiable.

10. FUENTES PARA LA OBTENCIÓN DE LA INFORMACIÓN

(Se mencionan las fuentes que aportarán la información y las técnicas que se van a utilizar, para la obtención de la respectiva investigación)

Ejemplo:

La información necesaria para la investigación se obtendrá directamente de los directivos de las empresas y de sus colaboradores. Para ello se utilizarán los instrumentos diseñados por Sternberg y Lubart para tal efecto, una vez hecha la estandarización de los mismos para el contexto nacional.

Para la elaboración del marco teórico se recurrirá a las fuentes bibliográficas disponibles, en bibliotecas nacionales o extranjeras.

11. PROCESAMIENTO DE LA INFORMACIÓN

(Se especifica cómo se procesará la información del trabajo de campo)

Ejemplo:

Una vez obtenida la información, se procede a procesarla mediante el uso de programas estadísticos disponibles, como el SPSS.

BIBLIOGRAFÍA CONSULTADA

(Se menciona la bibliografía consultada para la elaboración del anteproyecto)

Ejemplo:

CORETH, E., *¿Qué es el hombre?*, Herder, Barcelona, 1980.

DEL CASTILLO, Mancebo, *El administrador y su entorno dentro de las organizaciones*, Limusa, México, 1992.

FAURE, P., en PEREIRA, N., *Un proyecto pedagógico en Pierre*, Narcea, Madrid, 1970.

FINKE, R., *Creatividad, teoría, investigación y aplicaciones*, Paidós, Buenos Aires, 1992.

KUCZMARSKI, Thomas, *Innovación*, McGraw Hill, Bogotá, 1997.

LÓPEZ QUINTÁS, Alfonso, *El encuentro y la plenitud de la vida espiritual*, Claretiana, Barcelona, 1990.

PHILLIPS, Nicola, *Nuevas técnicas de gestión*, Financial Times, Barcelona, 1994.

STERNBERG, Robert y LUBART, Todd, *La creatividad en una cultura conformista*, Paidós, Barcelona, 1997.

CRONOGRAMA DE ACTIVIDADES Y PRESUPUESTO DE INVERSIÓN

(Se elabora el cronograma de actividades para la ejecución de la investigación)

Ejemplo:

CRONOGRAMA PARA LA REALIZACIÓN DE UN TRABAJO DE GRADO

ACTIVIDADES	DURACIÓN (meses)											
	1	2	3	4	5	6	7	8	9	10	11	12
1. Ajustes al anteproyecto	▬											
2. Establecer contacto con directivos		▬										
3. Aplicar cuestionario				▬	▬	▬	▬	▬				
4. Elaborar marco teórico	▬	▬	▬	▬	▬	▬	▬	▬				
5. Procesar los datos									▬			
6. Analizar resultados										▬		
7. Elaborar informe final											▬	
8. Entregar informe final												▬

(Al cronograma de actividades se adiciona el presupuesto de inversión para la ejecución de la investigación)

Ejemplo:

Ingresos miles de $		Egresos miles de $	
Aportes institución de apoyo	$ xxx.xxx	Honorarios profesionales de los investigadores	$ xxx.xxx
Recursos propios	xxx.xxx	Pago por asesorías	xxx.xxx
		Libros y papelería	xxx.xxx
		Trasporte y material didáctico	xxx.xxx
		Trascripción de documentos	xxx.xxx
		Otros gastos	xxx.xxx
Total ingresos	$ xxx.xxx	Total egresos	$ xxx.xxx

ELEMENTOS CONSTITUTIVOS DEL PROYECTO O DOCUMENTO FINAL DE UN TRABAJO DE GRADO*

Para fines de su presentación, el documento final de un trabajo de grado debe contener los siguientes componentes generales:

1. Preliminares

2. Texto o cuerpo del trabajo

3. Complementarios

1. PRELIMINARES

Los preliminares incluyen tapa o pasta, la cubierta, la portada, la página de aceptación o de jurados, la página de dedicatoria, la página de agradecimientos, la tabla de contenido, la lista de anexos, la lista de tablas, la lista de figuras y la página de glosario.

2. CUERPO DEL DOCUMENTO FINAL

El texto o cuerpo del trabajo incluye los siguientes aspectos

1. Resumen informativo

Consiste en presentar un resumen muy general (no mayor de una página) de la investigación realizada.

2. Introducción

Es necesario redactar una introducción que incluya: problema, objetivos, hipótesis (si las hay) y el procedimiento utilizado para la realización de la investigación, finalizando con una presentación del esquema del respectivo documento o informe final, mencionando de manera muy resumida el contenido de cada capítulo en que ha sido dividido el informe.

3. Capítulos

El primer capítulo del informe final debe referirse al marco de referencia en el cual está fundamentada la investigación.

El título de este capítulo debe ser el más relacionado con el tema objeto de la investigación.

Una vez presentada la fundamentación teórica del estudio, deben figurar los capítulos relacionados con el trabajo de campo. El título debe ser similar al título del trabajo de grado que figura en la portada.

3. COMPLEMENTARIOS

Se refiere a la bibliografía consultada y anexos del contenido general del informe.

---

* Este es un esquema general. Sin embargo, cada institución puede tener uno propio.

ELEMENTOS BÁSICOS DE UN INSTRUMENTO
DE RECOLECCIÓN DE INFORMACIÓN PARA INVESTIGACIÓN CIENTÍFICA

Todo cuestionario debe incluir como elementos básicos los siguientes:

* Título del cuestionario.

* Objetivo para el cual fue diseñado el cuestionario.

* Guía de instrucciones para el diligenciamiento del respectivo cuestionario.

* El plan de preguntas o ítem del cuestionario comenzando por una sesión de datos generales del encuestado.

* Agradecimientos al encuestado por el tiempo dedicado y la información brindada.

ANEXO d

TABLAS ESTADÍSTICAS

FUNCIÓN DE DISTRIBUCIÓN NORMAL TIPIFICADA

La tabla proporciona para una variable normal tipificada Z la función de distribución $F(z) = P[Z \leq z]$

z	$F(z)$	z	$F(z)$	z	$F(z)$	z	$F(z)$
0,00	0,5000	1,00	0,8413	2,00	0,9772	3,00	0,9986
0,01	0,5040	1,01	0,8438	2,01	0,9778	3,01	0,9987
0,02	0,5080	1,02	0,8461	2,02	0,9783	3,02	0,9987
0,03	0,5120	1,03	0,8485	2,03	0,9788	3,03	0,9988
0,04	0,5160	1,04	0,8508	2,04	0,9793	3,04	0,9988
0,05	0,5199	1,05	0,8531	2,05	0,9798	3,05	0,9989
0,06	0,5239	1,06	0,8554	2,06	0,9803	3,06	0,9989
0,07	0,5279	1,07	0,8577	2,07	0,9808	3,07	0,9989
0,08	0,5319	1,08	0,8599	2,08	0,9812	3,08	0,9990
0,09	0,5359	1,09	0,8621	2,09	0,9817	3,09	0,9990
0,10	0,5398	1,10	0,8643	2,10	0,9821	3,10	0,9990
0,11	0,5438	1,11	0,8665	2,11	0,9826	3,11	0,9991
0,12	0,5478	1,12	0,8686	2,12	0,9830	3,12	0,9991
0,13	0,5517	1,13	0,8708	2,13	0,9834	3,13	0,9991
0,14	0,5557	1,14	0,8729	2,14	0,9838	3,14	0,9992
0,15	0,5596	1,15	0,8749	2,15	0,9842	3,15	0,9992
0,16	0,5636	1,16	0,8770	2,16	0,9846	3,16	0,9992
0,17	0,5675	1,17	0,8790	2,17	0,9850	3,17	0,9992
0,18	0,5714	1,18	0,8810	2,18	0,9854	3,18	0,9993
0,19	0,5753	1,19	0,8830	2,19	0,9857	3,19	0,9993
0,20	0,5793	1,20	0,8849	2,20	0,9861	3,20	0,9993
0,21	0,5832	1,21	0,8869	2,21	0,9864	3,21	0,9993
0,22	0,5871	1,22	0,8888	2,22	0,9868	3,22	0,9994
0,23	0,5910	1,23	0,8907	2,23	0,9871	3,23	0,9994
0,24	0,5948	1,24	0,8925	2,24	0,9875	3,24	0,9994
0,25	0,5987	1,25	0,8944	2,25	0,9878	3,25	0,9994
0,26	0,6026	1,26	0,8962	2,26	0,9881	3,26	0,9994
0,27	0,6064	1,27	0,8980	2,27	0,9884	3,27	0,9995
0,28	0,6103	1,28	0,8997	2,28	0,9887	3,28	0,9995
0,29	0,6141	1,29	0,9015	2,29	0,9890	3,29	0,9995
0,30	0,6179	1,30	0,9032	2,30	0,9893	3,30	0,9995
0,31	0,6217	1,31	0,9049	2,31	0,9896	3,31	0,9995
0,32	0,6255	1,32	0,9066	2,32	0,9898	3,32	0,9996
0,33	0,6293	1,33	0,9082	2,33	0,9901	3,33	0,9996
0,34	0,6331	1,34	0,9099	2,34	0,9904	3,34	0,9996
0,35	0,6368	1,35	0,9115	2,35	0,9906	3,35	0,9996
0,36	0,6406	1,36	0,9131	2,36	0,9909	3,36	0,9996
0,37	0,6443	1,37	0,9147	2,37	0,9911	3,37	0,9996
0,38	0,6480	1,38	0,9162	2,38	0,9913	3,38	0,9996
0,39	0,6517	1,39	0,9177	2,39	0,9916	3,39	0,9997
0,40	0,6554	1,40	0,9192	2,40	0,9918	3,40	0,9997
0,41	0,6591	1,41	0,9207	2,41	0,9920	3,41	0,9997
0,42	0,6628	1,42	0,9222	2,42	0,9922	3,42	0,9997
0,43	0,6664	1,43	0,9236	2,43	0,9925	3,43	0,9997

z	F(z)	z	F(z)	z	F(z)	z	F(z)
0,44	0,6700	1,44	0,9251	2,44	0,9927	3,44	0,9997
0,45	0,6736	1,45	0,9265	2,45	0,9929	3,45	0,9997
0,46	0,6772	1,46	0,9279	2,46	0,9931	3,46	0,9997
0,47	0,6803	1,47	0,9292	2,47	0,9932	3,47	0,9997
0,48	0,6844	1,48	0,9306	2,48	0,9934	3,48	0,9997
0,49	0,6879	1,49	0,9319	2,49	0,9936	3,49	0,9998
0,50	0,6915	1,50	0,9332	2,50	0,9938	3,50	0,9998
0,51	0,6950	1,51	0,9345	2,51	0,9940	3,51	0,9998
0,52	0,6985	1,52	0,9357	2,52	0,9941	3,52	0,9998
0,53	0,7019	1,53	0,9370	2,53	0,9943	3,53	0,9998
0,54	0,7054	1,54	0,9382	2,54	0,9945	3,54	0,9998
0,55	0,7088	1,55	0,9394	2,55	0,9946	3,55	0,9998
0,56	0,7123	1,56	0,9406	2,56	0,9948	3,56	0,9998
0,57	0,7157	1,57	0,9418	2,57	0,9949	3,57	0,9998
0,58	0,7190	1,58	0,9429	2,58	0,9951	3,58	0,9998
0,59	0,7224	1,59	0,9441	2,59	0,9952	3,59	0,9998
0,60	0,7257	1,60	0,9452	2,60	0,9953	3,60	0,9998
0,61	0,7291	1,61	0,9463	2,61	0,9955	3,61	0,9998
0,62	0,7324	1,62	0,9474	2,62	0,9956	3,62	0,9999
0,63	0,7357	1,63	0,9484	2,63	0,9957	3,63	0,9999
0,64	0,7389	1,64	0,9495	2,64	0,9959	3,64	0,9999
0,65	0,7422	1,65	0,9505	2,65	0,9960	3,65	0,9999
0,66	0,7454	1,66	0,9515	2,66	0,9961	3,66	0,9999
0,67	0,7486	1,67	0,9525	2,67	0,9962	3,67	0,9999
0,68	0,7517	1,68	0,9535	2,68	0,9963	3,68	0,9999
0,69	0,7549	1,69	0,9545	2,69	0,9964	3,69	0,9999
0,70	0,7580	1,70	0,9554	2,70	0,9965	3,70	0,9999
0,71	0,7611	1,71	0,9564	2,71	0,9966	3,71	0,9999
0,72	0,7642	1,72	0,9573	2,72	0,9967	3,72	0,9999
0,73	0,7673	1,73	0,9582	2,73	0,9968	3,73	0,9999
0,74	0,7704	1,74	0,9591	2,74	0,9969	3,74	0,9999
0,75	0,7734	1,75	0,9599	2,75	0,9970	3,75	0,9999
0,76	0,7764	1,76	0,9608	2,76	0,9971	3,76	0,9999
0,77	0,7794	1,77	0,9616	2,77	0,9972	3,77	0,9999
0,78	0,7823	1,78	0,9625	2,78	0,9973	3,78	0,9999
0,79	0,7852	1,79	0,9633	2,79	0,9974	3,79	0,9999
0,80	0,7881	1,80	0,9641	2,80	0,9974	3,80	0,9999
0,81	0,7910	1,81	0,9649	2,81	0,9975	3,81	0,9999
0,82	0,7939	1,82	0,9656	2,82	0,9976	3,82	0,9999
0,83	0,7967	1,83	0,9664	2,83	0,9977	3,83	0,9999
0,84	0,7995	1,84	0,9671	2,84	0,9977	3,84	0,9999
0,85	0,8023	1,85	0,9678	2,85	0,9978	3,85	0,9999
0,86	0,8051	1,86	0,9686	2,86	0,9979	3,86	0,9999
0,87	0,8078	1,87	0,9693	2,87	0,9979	3,87	0,9999
0,88	0,8106	1,88	0,9699	2,88	0,99805	3,88	0,9999
0,89	0,8133	1,89	0,9706	2,89	0,9981	3,89	1,0000
0,90	0,8159	1,90	0,9713	2,90	0,9981	3,90	1,0000
0,91	0,8186	1,91	0,9719	2,91	0,9982	3,91	1,0000
0,92	0,8212	1,92	0,9726	2,92	0,9982	3,92	1,0000
0,93	0,8238	1,93	0,9732	2,93	0,9983	3,93	1,0000
0,94	0,8264	1,94	0,9738	2,94	0,9984	3,94	1,0000
0,95	0,8289	1,95	0,9744	2,95	0,9984	3,95	1,0000
0,96	0,8315	1,96	0,9750	2,96	0,9985	3,96	1,0000
0,97	0,8340	1,97	0,9756	2,97	0,9985	3,97	1,0000
0,98	0,8365	1,98	0,9761	2,98	0,9986	3,98	1,0000
0,99	0,8389	1,99	0,9767	2,99	0,9986	3,99	1,0000

Tomado de, *Elementos básicos de estadística económica y empresarial.*
Impreso con autorización previa de Prentice Hall.

TABLA DE LA DISTRIBUCIÓN X^2

Si la variable aleatoria tiene una distribución X^2 con n grados de libertad, la tabla proporciona el valor de x tal que $P[X \leq x] = p$.

n	0,005	0,010	0,025	0,050	0,100	0,200	0,300	0,400	0,500	0,600
1	0,000	0,000	0,001	0,004	0,016	0,064	0,148	0,275	0,455	0,708
2	0,010	0,020	0,051	0,103	0,211	0,446	0,713	1,022	1,386	1,833
3	0,072	0,115	0,216	0,352	0,584	1,005	1,424	1,869	2,366	2,946
4	0,207	0,297	0,484	0,711	1,064	1,649	2,195	2,753	3,357	4,045
5	0,412	0,554	0,831	1,145	1,610	2,343	3,000	3,655	4,351	5,132
6	0,676	0,872	1,237	1,635	2,204	3,070	3,828	4,570	5,348	6,211
7	0,989	1,239	1,690	2,167	2,833	3,822	4,671	5,493	6,346	7,283
8	1,344	1,646	2,180	2,733	3,490	4,594	5,527	6,423	7,344	8,351
9	1,735	2,088	2,700	3,325	4,168	5,380	6,393	7,357	8,343	9,414
10	2,156	2,558	3,247	3,940	4,865	6,179	7,267	8,295	9,342	10,473
11	2,603	3,053	3,816	4,575	5,578	6,989	8,148	9,237	10,341	11,530
12	3,074	3,571	4,404	5,226	6,304	7,807	9,034	10,182	11,340	12,584
13	3,565	4,107	5,009	5,892	7,042	8,634	9,926	11,129	12,340	13,636
14	4,075	4,660	5,629	6,571	7,790	9,467	10,821	12,078	13,339	14,685
15	4,601	5,229	6,262	7,261	8,547	10,307	11,721	13,030	14,339	15,733
16	5,142	5,812	6,908	7,962	9,312	11,152	12,624	13,983	15,338	16,780
17	5,697	6,408	7,564	8,672	10,085	12,002	13,531	14,937	16,338	17,824
18	6,265	7,015	8,231	9,390	10,865	12,857	14,440	15,893	17,338	18,868
19	6,844	7,633	8,907	10,117	11,651	13,716	15,352	16,850	18,338	19,910
20	7,434	8,260	9,591	10,851	12,443	14,578	16,266	17,809	19,337	20,951
21	8,034	8,897	10,283	11,591	13,240	15,445	17,182	18,768	20,337	21,991
22	8,643	9,542	10,982	12,338	14,041	16,314	18,101	19,729	21,337	23,031
23	9,260	10,196	11,689	13,091	14,848	17,187	19,021	20,690	22,337	24,069
24	9,886	10,856	12,401	13,848	15,659	18,062	19,943	21,652	23,337	25,106
25	10,520	11,524	13,120	14,611	16,473	18,940	20,867	22,616	24,337	26,143
26	11,160	12,198	13,844	15,379	17,292	19,820	21,792	23,579	25,336	27,179
27	11,808	12,879	14,573	16,151	18,114	20,703	22,719	24,544	26,336	28,214
28	12,461	13,565	15,308	16,928	18,939	21,588	23,647	25,509	27,336	29,249
29	13,121	14,256	16,047	17,708	19,768	22,475	24,577	26,475	28,336	30,283
30	13,787	14,953	16,791	18,493	20,599	23,364	25,508	27,442	29,336	31,316
35	17,192	18,509	20,569	22,465	24,797	27,836	30,178	32,282	34,336	36,475
40	20,707	22,164	24,433	26,509	29,051	32,345	34,872	37,134	39,335	41,622
50	27,991	29,707	32,357	34,764	37,689	41,449	44,313	46,864	49,335	51,892
60	35,534	37,485	40,482	43,188	46,459	50,641	53,809	56,620	59,335	62,135
70	43,275	45,442	48,758	51,739	55,329	59,898	63,346	66,396	69,334	72,358
80	51,172	53,540	57,153	60,391	64,278	69,207	72,915	76,188	79,334	82,566
90	59,196	61,754	65,647	69,126	73,291	78,558	82,511	85,993	89,334	92,761
100	67,328	70,065	74,222	77,929	82,358	87,945	92,129	95,808	99,334	102,946
200	152,241	156,432	162,728	168,279	174,835	183,003	189,049	194,319	199,334	204,434

n	0,650	0,700	0,750	0,800	0,850	0,900	0,950	0,975	0,990	0,995
						p				
1	0,873	1,074	1,323	1,642	2,072	2,706	3,841	5,024	6,635	7,879
2	2,100	2,408	2,773	3,219	3,794	4,605	5,991	7,378	9,210	10,597
3	3,283	3,665	4,108	4,642	5,317	6,251	7,815	9,348	11,345	12,838
4	4,438	4,878	5,385	5,989	6,745	7,779	9,488	11,143	13,277	14,860
5	5,573	6,064	6,626	7,289	8,115	9,236	11,070	12,833	15,086	16,750
6	6,695	7,231	7,841	8,558	9,446	10,645	12,592	14,449	16,812	18,548
7	7,806	8,383	9,037	9,803	10,748	12,017	14,067	16,013	18,475	20,278
8	8,909	9,524	10,219	11,030	12,027	13,362	15,507	17,535	20,090	21,955
9	10,006	10,656	11,389	12,242	13,288	14,684	16,919	19,023	21,666	23,589
10	11,097	11,781	12,549	13,442	14,534	15,987	18,307	20,483	23,209	25,188
11	12,184	12,899	13,701	14,631	15,767	17,275	19,675	21,920	24,725	26,757
12	13,266	14,011	14,845	15,812	16,989	18,549	21,026	23,337	26,217	28,300
13	14,345	15,119	15,984	16,985	18,202	19,812	22,362	24,736	27,688	29,819
14	15,421	16,222	17,117	18,151	19,406	21,064	23,685	26,119	29,141	31,319
15	16,494	17,322	18,245	19,311	20,603	22,307	24,996	27,488	30,578	32,801
16	17,565	18,418	19,369	20,465	21,793	23,542	26,296	28,845	32,000	34,267
17	18,633	19,511	20,489	21,615	22,977	24,769	27,587	30,191	33,409	35,718
18	19,699	20,601	21,605	22,760	24,155	25,989	28,869	31,526	34,805	37,156
19	20,764	21,689	22,718	23,900	25,329	27,204	30,144	32,852	36,191	38,582
20	21,826	22,775	23,828	25,038	26,498	28,412	31,410	34,170	37,566	39,997
21	22,888	23,858	24,935	26,171	27,662	29,615	32,671	35,479	38,932	41,401
22	23,947	24,939	26,039	27,301	28,822	30,813	33,924	36,781	40,289	42,796
23	25,006	26,018	27,141	28,429	29,979	32,007	35,172	38,076	41,638	44,181
24	26,063	27,096	28,241	29,553	31,132	33,196	36,415	39,364	42,980	45,559
25	27,118	28,172	29,339	30,675	32,282	34,382	37,652	40,646	44,314	46,928
26	28,173	29,246	30,435	31,795	33,429	35,563	38,885	41,923	45,642	48,290
27	29,227	30,319	31,528	32,912	34,574	36,741	40,113	43,195	46,963	49,645
28	30,279	31,391	32,620	34,027	35,715	37,916	41,337	44,461	48,278	50,993
29	31,331	32,461	33,711	35,139	36,854	39,087	42,557	45,722	49,588	52,336
30	32,382	33,530	34,800	36,250	37,990	40,256	43,773	46,979	50,892	53,672
35	37,623	38,859	40,223	41,778	43,640	46,059	49,802	53,203	57,342	60,275
40	42,848	44,165	45,616	47,269	49,244	51,805	55,758	59,342	63,691	66,766
50	53,258	54,723	56,334	58,164	60,346	63,167	67,505	71,420	76,154	79,490
60	63,628	65,227	66,981	68,972	71,341	74,397	79,082	83,298	88,379	91,952
70	73,968	75,689	77,577	79,715	82,255	85,527	90,531	95,023	100,425	104,215
80	84,284	86,120	88,130	90,405	93,106	96,578	101,879	106,629	112,329	116,321
90	94,581	96,524	98,650	101,054	103,904	107,565	113,145	118,136	124,116	128,299
100	104,862	106,906	109,141	111,667	114,659	118,498	124,342	129,561	135,807	140,169
200	207,124	209,985	213,102	216,609	220,744	226,021	233,994	241,058	249,445	255,264

Tomado de, *Elementos básicos de estadística económica y empresarial.*
Impreso con autorización previa de Prentice Hall.

DISTRIBUCIÓN t

Si la variable aleatoria tiene una distribución t con n grados de libertad, la tabla proporciona el valor de x tal que $P[X \leq x] = p.$

n	0,550	0,600	0,650	0,700	0,750	0,800	p 0,850	0,900	0,950	0,975	0,990	0,995
1	0,158	0,325	0,510	0,727	1,000	1,376	1,963	3,078	6,314	12,706	31,821	63,657
2	0,142	0,289	0,445	0,617	0,816	1,061	1,386	1,886	2,920	4,303	6,965	9,925
3	0,137	0,277	0,424	0,584	0,765	0,978	1,250	1,638	2,353	3,182	4,541	5,841
4	0,134	0,271	0,414	0,569	0,741	0,941	1,190	1,533	2,132	2,776	3,747	4,604
5	0,132	0,267	0,408	0,559	0,727	0,920	1,156	1,476	2,015	2,571	3,365	4,032
6	0,131	0,265	0,404	0,553	0,718	0,906	1,134	1,440	1,943	2,447	3,143	3,707
7	0,130	0,263	0,402	0,549	0,711	0,896	1,119	1,415	1,895	2,365	2,998	3,499
8	0,130	0,262	0,399	0,546	0,706	0,889	1,108	1,397	1,860	2,306	2,896	3,355
9	0,129	0,261	0,398	0,543	0,703	0,883	1,100	1,383	1,833	2,262	2,821	3,250
10	0,129	0,260	0,397	0,542	0,700	0,879	1,093	1,372	1,812	2,228	2,764	3,169
11	0,129	0,260	0,396	0,540	0,697	0,876	1,088	1,363	1,796	2,201	2,718	3,106
12	0,128	0,259	0,395	0,539	0,695	0,873	1,083	1,356	1,782	2,179	2,681	3,055
13	0,128	0,259	0,394	0,538	0,694	0,870	1,079	1,350	1,771	2,160	2,650	3,012
14	0,128	0,258	0,393	0,537	0,692	0,868	1,076	1,345	1,761	2,145	2,624	2,977
15	0,128	0,258	0,393	0,536	0,691	0,866	1,074	1,341	1,753	2,131	2,602	2,947
16	0,128	0,258	0,392	0,535	0,690	0,865	1,071	1,337	1,746	2,120	2,583	2,921
17	0,128	0,257	0,392	0,534	0,689	0,863	1,069	1,333	1,740	2,110	2,567	2,898
18	0,127	0,257	0,392	0,534	0,688	0,862	1,067	1,330	1,734	2,101	2,552	2,878
19	0,127	0,257	0,391	0,533	0,688	0,861	1,066	1,328	1,729	2,093	2,539	2,861
20	0,127	0,257	0,391	0,533	0,687	0,860	1,064	1,325	1,725	2,086	2,528	2,845
21	0,127	0,257	0,391	0,532	0,686	0,859	1,063	1,323	1,721	2,080	2,518	2,831
22	0,127	0,256	0,390	0,532	0,686	0,858	1,061	1,321	1,717	2,074	2,508	2,819
23	0,127	0,256	0,390	0,532	0,685	0,858	1,060	1,319	1,714	2,069	2,500	2,807
24	0,127	0,256	0,390	0,531	0,685	0,857	1,059	1,318	1,711	2,064	2,492	2,797
25	0,127	0,256	0,390	0,531	0,684	0,856	1,058	1,316	1,708	2,060	2,485	2,787
26	0,127	0,256	0,390	0,531	0,684	0,856	1,058	1,315	1,706	2,056	2,479	2,779
27	0,127	0,256	0,389	0,531	0,684	0,855	1,057	1,314	1,703	2,052	2,473	2,771
28	0,127	0,256	0,389	0,530	0,683	0,855	1,056	1,313	1,701	2,048	2,467	2,763
29	0,127	0,256	0,389	0,530	0,683	0,854	1,055	1,311	1,699	2,045	2,462	2,756
30	0,127	0,256	0,389	0,530	0,683	0,854	1,055	1,310	1,697	2,042	2,457	2,750
35	0,127	0,255	0,388	0,529	0,682	0,852	1,052	1,306	1,690	2,030	2,438	2,724
40	0,126	0,255	0,388	0,529	0,681	0,851	1,050	1,303	1,684	2,021	2,423	2,704
50	0,126	0,255	0,388	0,528	0,679	0,849	1,047	1,299	1,676	2,009	2,403	2,678
60	0,126	0,254	0,387	0,527	0,679	0,848	1,045	1,296	1,671	2,000	2,390	2,660
70	0,126	0,254	0,387	0,527	0,678	0,847	1,044	1,294	1,667	1,994	2,381	2,648
80	0,126	0,254	0,387	0,526	0,678	0,846	1,043	1,292	1,664	1,990	2,374	2,639
90	0,126	0,254	0,387	0,526	0,677	0,846	1,042	1,291	1,662	1,987	2,368	2,632
100	0,126	0,254	0,386	0,526	0,677	0,845	1,042	1,290	1,660	1,984	2,364	2,626
200	0,126	0,254	0,386	0,525	0,676	0,843	1,039	1,286	1,653	1,972	2,345	2,601
∞	0,126	0,253	0,385	0,524	0,675	0,842	1,036	1,282	1,645	1,960	2,327	2,576

Tomado de, *Elementos básicos de estadística económica y empresarial.*
Impreso con autorización previa de Prentice Hall.

ÍNDICE